천부경 天符經

신지윤 편역

머 리 말

2004년 『천부경(天符經)』을 처음 발간하고 많은 독자로부터 응원과 관심, 그리고 큰 사랑을 받았습니다.

점차 희미해져 가는 우리 겨레 고유의 뿌리 사상과 정신 그리고 가치관에 대한 안타까운 심경의 피력이었습니다.

한편, 관심이 높아지면 높아질수록 더 많이 담아내지 못한 아쉬움도 컸습니다. 보다 쉬운 용어로 더 많은 사람이 읽고 쉽게 이해할 수 있도록 개정 증보판을 펴내겠다고 생각하고 틈틈이 준비하여 십수 년이 지난 오늘 마침내 보답할 기회를 갖게 되었습니다.

이전 판에서 예스러운 용어로 표현된 것을 현대인에게 익숙한 표현으로 수정하였으며 약간의 의역을 시도하되 원문을 첨부하여 '천부경'이라는 이름으로 다시 펴내게 되었습니다.

『천부경』에는 우리 겨레의 정신과 가치관 그리고 삶의 철학을 상징하는 3가지 경전을 풀이하여 실었는데 간략하게 요약하면 다음과 같습니다.

「천부경(天符經)」은 우주의 근본 조화(造化)의 이치를 81자로 간략하게 설명한 경전으로, 1에서 10까지의 수리역(數理易)으로 이루어져 있으며 생성멸(生成滅) 법칙인 순환의 원리를 설명하고 있습니다.

고대 사관(史官)이었던 신지(神誌)가 전자(篆字)로 옛 비석에 쓰고 신라 말엽 고운 최치원(孤雲 崔致遠) 선생이 묘향산 석벽(石壁)에 각석(刻石)해 둔 것을 1916년 운초 계연수(雲焦 桂延壽) 선생이 탁본하여 세상에 전해지게 되었습니다.

「삼일신고(三一神誥)」는 교화(敎化)의 원리로써 하늘(天)과 신(神)과 천궁(天宮)과 세계(世界)와 진리(眞理)에 대하여 설명하는 경입니다. 신지(神誌)가 돌에 새겨서 전했습니다.

「참전계경(參佺戒經)」은 치화(治化), 즉 인간이 지키고 따라야 하는 8가지 이치인 성(誠), 신(信), 애(愛), 제(齊), 화(禍), 복(復), 보(報), 응(應)을 366사(三百六十六事)로 구체적으로 설명하고 있습니다.

바야흐로 세상이 바뀌어 세계가 우리를 주목하는 시기에 이르렀습니다.

근대화라는 명분으로 서양의 뒤를 쫓던 우리가 이제는 원하든 원하지 않든 세계를 이끌어야 할 상황에 직면하고 있습니다.

다행히도 우리에게는 선조들이 남겨주신 정신적 유산(천부경, 삼일신고, 참전계경)이 있으므로 이들을 중심으로 우리의 인류 미래사적인 책무를 잘 감당해야 하겠습니다.

인류의 정신적 문화적 성숙과 발전에 우리의 『천부경(天符經)』이 일부분이나마 기여하는 바가 있기를 기대합니다.

2023년 3월

한해 신지윤

차 례

머리말 / 4

천부경(天符經) / 19

삼일신고(三一神誥) / 25
천훈(天訓) / 26
신훈(神訓) / 28
천궁훈(天宮訓) / 30
세계훈(世界訓) / 32
진리훈(眞理訓) / 35

참전계경(參佺戒經) / 41

참전계경(參佺戒經)

성(誠) / 43

제1장 경신(敬神) / 45

제1절 존봉(尊奉)　제2절 숭덕(崇德)　제3절 도화(導化)

제4절 창도(彰道)　제5절 극례(克禮)　제6절 숙정(肅靜)

제7절 정실(淨室)　제8절 택제(擇齊)　제9절 회향(懷香)

제2장 정심(正心) / 55

제1절 의식(意植)　제2절 입신(立身)　제3절 불혹(不惑)

제4절 일엄(溢嚴)　제5절 허령(虛靈)　제6절 치지(致知)

제7절 폐물(閉物)　제8절 척정(斥情)　제9절 묵안(默安)

제3장 불망(不忘) / 65

제1절 자임(自任)　제2절 자기(自記)　제3절 첩응(貼膺)

제4절 재목(在目)　제6절 뢰허(雷虛)　제7절 신취(神聚)

제4장 불식(不息) / 72

제1절 면강(勉强)　제2절 원전(圓轉)　제3절 휴산(休算)
제4절 실시(失始)　제5절 진산(塵山)　제6절 방운(放運)
제7절 만타(慢他)

제5장 지감(至感) / 80

제1절 순천(順天)　제2절 응천(應天)　제3절 청천(聽天)
제4절 낙천(樂天)　제5절 대천(待天)　제6절 대천(戴天)
제7절 도천(禱天)　제8절 시천(恃天)　제9절 강천(講天)

제6장 대효(大孝) / 90

제1절 안충(安衷)　제2절 쇄우(鎖憂)　제3절 순지(順志)
제4절 양체(養體)　제5절 양구(養口)　제6절 신명(迅命)
제7절 망형(忘形)

신(信) / 99

제1장 의(義) / 100

제1절 정직(正直)　제2절 공렴(公廉)　제3절 석절(惜節)
제4절 불이(不貳)　제5절 무친(無親)　제6절 사기(捨己)
제7절 허광(虛誑)　제8절 불우(不尤)　제9절 체담(替擔)

제2장 약(約) / 110

제1절 천실(踐實)　제2절 지중(知中)　제3절 속단(續斷)
제4절 배망(排忙)　제5절 중시(重視)　제6절 천패(天敗)
제7절 재아(在我)　제8절 촌적(忖適)　제9절 하회(何悔)
제10절 찰합(拶合)

제3장 충(忠) / 121

제1절 패정(佩政)　제2절 담중(擔重)　제3절 영명(榮命)
제4절 안민(安民)　제5절 망가(忘家)　제6절 무신(無身)

제4장 열(烈) / 128

제1절 빈우(賓遇)　제2절 육친(育親)　제3절 사고(嗣孤)
제4절 고정(固貞)　제5절 닐구(昵仇)　제6절 멸신(滅身)

제5장 순(循) / 135

제1절 사시(四時)　제2절 일월(日月)　제3절 덕망(德望)
제4절 무극(無極)

애(愛) / 140

제1장 서(恕) / 141
제1절 유아(幼我)　제2절 사시(似是)　제3절 기오(旣誤)
제4절 장실(將失)　제5절 심적(心蹟)　제6절 유정(由情)

제2장 용(容) / 148
제1절 고연(固然)　제2절 정외(情外)　제3절 면고(免故)
제4절 전매(全昧)　제5절 반정(半程)　제6절 안념(安念)
제7절 완급(緩急)

제3장 시(施) / 156
제1절 원희(原喜)　제2절 인간(認艱)　제3절 긍발(矜發)
제4절 공반(公頒)　제5절 편허(偏許)　제6절 균련(均憐)
제7절 후박(厚薄)　제8절 부혼(付混)

제4장 육(育) / 165
제1절 도업(導業)　제2절 보산(保産)　제3절 장근(獎勤)
제4절 경타(警墮)　제5절 정노(定老)　제6절 배유(培幼)
제7절 권섬(勸贍)　제8절 관학(灌涸)

제5장 교(敎) / 174

제1절 고부(顧賦)　제2절 양성(養性)　제3절 수신(修身)
제4절 주륜(湊倫)　제5절 불기(不棄)　제6절 물택(勿擇)
제7절 달면(達勉)　제8절 역수(力收)

제6장 대(待) / 183

제1절 미형(未形)　제2절 생아(生芽)　제3절 관수(寬邃)
제4절 온양(穩養)　제5절 극종(克終)　제6절 전탁(傳托)

제(濟) / 190

제1장 시(時) / 191

제1절 농재(農災)　제2절 양괴(凉怪)　제3절 열염(熱染)
제4절 동표(凍荸)　제5절 무시(無時)　제6절 왕시(往時)
제7절 장지(將至)

제2장 지(地) / 199

제1절 무유(憮柔)　제2절 해강(解剛)　제3절 비감(肥甘)
제4절 조습(燥濕)　제5절 이물(移物)　제6절 역종(易種)
제7절 척벽(拓闢)　제8절 수산(水山)

제3장 서(序) / 208

제1절 선원(先遠)　　제2절 수빈(首濱)　　제3절 경중(輕重)
제4절 중과(衆寡)　　제5절 합동(合同)　　제6절 노약(老弱)
제7절 장건(壯健)

제4장 지(智) / 216

제1절 설비(設備)　　제2절 금벽(禁癖)　　제3절 요검(要儉)
제4절 정식(精食)　　제5절 윤자(潤貲)　　제6절 개속(改俗)
제7절 입본(立本)　　제8절 수식(收殖)　　제9절 조기(造器)
제10절 예제(預劑)

화(禍) / 227

제1장 기(欺) / 228

제1절 닉심(匿心)　　제2절 만천(慢天)　　제3절 신독(信獨)
제4절 멸친(蔑親)　　제5절 구운(驅殞)　　제6절 척경(踢傾)
제7절 가장(假章)　　제8절 무종(無終)　　제9절 호은(怙恩)
제10절 시총(侍寵)

제2장 탈(奪) / 239

제1절 멸산(滅産)　제2절 역사(易祀)　제3절 노금(擄金)
제4절 모권(謀權)　제5절 투권(偸卷)　제6절 취인(取人)

제3장 음(淫) / 246

제1절 황사(荒邪)　제2절 장주(戕主)　제3절 장자(藏子)
제4절 유태(流胎)　제5절 강륵(强勒)　제6절 절종(絶種)

제4장 상(傷) / 253

제1절 흉기(凶器)　제2절 짐독(鴆毒)　제3절 간계(奸計)
제4절 최잔(摧殘)　제5절 필도(必圖)　제6절 위사(委唆)
제7절 흉모(兇謨)

제5장 음(陰) / 261

제1절 흑전(黑箭)　제2절 귀염(鬼焰)　제3절 투현(妬賢)
제4절 질능(嫉能)　제5절 간륜(間倫)　제6절 투질(投質)
제7절 송절(送絶)　제8절 비산(誹訕)

제6장 역(逆) / 270

제1절 설신(褻神)　제2절 독례(瀆禮)　제3절 패리(敗理)
제4절 범상(犯上)　제5절 역구(逆垢)

복(福) / 276

제1장 인(仁) / 277

제1절 애인(愛人)　　제2절 호물(護物)　　제3절 체측(替惻)
제4절 희구(喜救)　　제5절 불교(不驕)　　제6절 자겸(自謙)
제7절 양렬(讓劣)

제2장 선(善) / 285

제1절 강개(慷慨)　　제2절 불구(不苟)　　제3절 원혐(遠嫌)
제4절 명백(明白)　　제5절 계물(繼物)　　제6절 존물(存物)
제7절 공아(空我)　　제8절 양능(揚能)　　제9절 은건(隱愆)

제3장 순(順) / 295

제1절 안정(安定)　　제2절 정묵(靜默)　　제3절 예모(禮貌)
제4절 주공(主恭)　　제5절 지념(持念)　　제6절 지분(知分)

제4장 화(和) / 302

제1절 수교(修敎)　　제2절 준계(遵戒)　　제3절 온지(溫至)
제4절 물의(勿疑)　　제5절 성사(省事)　　제6절 진노(鎭怒)
제7절 자취(自就)　　제8절 불모(不謀)

제5장 관(寬) / 311

제1절 홍량(弘量)　제2절 불린(不吝)　제3절 위비(慰悲)
제4절 보궁(保窮)　제5절 용부(勇赴)　제6절 정선(正旋)
제7절 능인(能忍)　제8절 장가(藏呵)

제6장 엄(嚴) / 320

제1절 병사(屏邪)　제2절 특절(特節)　제3절 명찰(明察)
제4절 강유(剛柔)　제5절 색장(色莊)　제6절 능훈(能訓)
제7절 급거(急袪)

보(報) / 328

제1장 적(積) / 329

제1절 세구(世久)　제2절 무단(無斷)　제3절 익증(益增)
제4절 정수(庭授)　제5절 천심(天心)　제6절 자연(自然)

제2장 중(重) / 336

제1절 유조(有早)　제2절 공실(恐失)　제3절 면려(勉勵)
제4절 주수(株守)　제5절 척방(斥訪)　제6절 광포(廣佈)

제3장 창(刱) / 343

제1절 유구(有久)　제2절 유린(有隣)　제3절 기연(其然)
제4절 자수(自修)　제5절 불권(不倦)　제6절 욕급(欲及)

제4장 영(盈) / 350

제1절 습범(襲犯)　제2절 연속(連續)　제3절 유가(有加)
제4절 전악(傳惡)

제5장 대(大) / 355

제1절 감상(勘尙)　제2절 무탄(無憚)　제3절 취준(驟峻)
제4절 외선(外善)

제6장 소(小) / 360

제1절 배성(背性)　제2절 단련(斷連)　제3절 불개(不改)
제4절 권린(勸隣)

응(應) / 365

제1장 적(積) / 366

제1절 극존(極尊)　제2절 거유(巨有)　제3절 상수(上壽)
제4절 제손(諸孫)　제5절 강녕(康寧)　제6절 선안(仙安)
제7절 세습(世襲)　제8절 혈사(血祀)

제2장 중(重) / 375

제1절 복중(福重)　제2절 옥백(玉帛)　제3절 절화(節化)
제4절 현예(賢裔)　제5절 건왕(健旺)　제6절 길경(吉慶)
제7절 세장(世章)

제3장 담(淡) / 383

제1절 응복(應福)　제2절 유고(裕庫)　제3절 무액(無厄)
제4절 이수(利隨)　제5절 천권(天捲)

제4장 영(盈) / 389

제1절 뇌진(雷震)　제2절 귀갈(鬼喝)　제3절 멸가(滅家)
제4절 절사(絶祀)　제5절 실시(失屍)

제5장 대(大) / 395

제1절 인병(刃兵)　제2절 수화(水火)　제3절 도적(盜賊)
제4절 수해(獸害)　제5절 형역(形役)　제6절 천라(天羅)
제7절 지망(地網)　제8절 급신(伋身)

제6장 소(小) / 404

제1절 빈궁(貧窮)　제2절 질병(疾病)　제3절 패망(敗亡)
제4절 미실(靡室)　제5절 도개(道丐)　제6절 급자(及子)

천부경(天符經)

천부경(天符經)

제1절. 한1)은 비롯2)이니 한의 비롯은 없다.

一始無始一.
일 시 무 시 일

♣ 始 : 처음(시)

제2절. 한은 나투어3) 세 극을 이루나 다함이 없는 근본이다.

析三極無盡本.
석 삼 극 무 진 본

♣ 析 : 나눌(석)   極 : 다할(극)   盡 : 다될(진)

---

1) 한 : 만법의 근원으로 생장하고 성숙하고 멸망하는 생(生), 성(盛), 멸(滅) 법칙과 정을 끊임없이 순환시키는 근본이다.

2) 비롯 : 시작

3) 나투다 : 생(生)하다

제3절. 세 극은 하늘과 땅과 사람이다.
　　　　 하늘은 한의 첫 번째 나툼이요, 땅은 한의 두
　　　　 번째 나툼이요, 사람은 한의 세 번째 나툼이다.

天一一 地一二 人一三.
천 일 일　지 일 이　인 일 삼

제4절. 한은 열 곱4)으로 불어나면서 모자람이 없이
　　　　 세 극으로 화한다.

一積十鉅無匱化三.
일 적 십 거 무 궤 화 삼

♣ 積 : 쌓을(적)　匱 : 함(궤)

제5절. 하늘과 땅과 사람은 각각 맞 짝5)과 세 극을
　　　　 지니고 있다.

天二三 地二三 人二三.
천 이 삼　지 이 삼　인 이 삼

---

4) 열 곱 : 십진법(十進法) 일(一) 십(十) 백(百) 천(千) 만(萬) 십만(十萬) 백만
　 (百萬) 천만(千萬) 억(億)…
5) 맞 짝 : 음(陰), 양(陽)

제6절. 세 극은 여섯 수로 어울리고 일곱, 여덟, 아홉 수로 생성하며 셋과 넷 수로 운행하고 다섯과 열수로 고리를 이룬다.

大三合六⁶⁾ 生七八九 運三四 成環五十.
대 삼 합 육　　생 칠 팔 구　운 삼 사　성 환 오 십

♣ 環 : 고리(환)

제7절. 한은 걸림 없이 변화하지만 움직임이 없는 근본이다.

一妙衍萬往萬來 用變不動本.
일 묘 연 만 왕 만 래　　용 변 부 동 본

---

6) 대삼합육(大三合六) : 대삼(大三) 천(天), 지(地), 인(人)
   천(天)에도 음양(陰陽), 지(地)에도 음양(陰陽), 인(人)에도 음양(陰陽)이 있어 합하여 육(六-기본수)이 된다.

제8절. 마음의 근본과 햇빛의 근본은 더없이 밝나니 사람과 하늘 가운데 있는 한이다.

本心本太陽 昂明人中天地一.
본심본태양 앙명인중천지일

♣ 昂 : 오를(앙)

제9절. 한은 끝맺음이니 한의 끝맺음은 없다.

一終無終一.
일종무종일

♣ 終 : 마침(종)

삼일신고(三一神誥)

천훈(天訓)

제1절. 너희 오가들아!
　　저 푸른 것이 하늘이 아니며 저 까마득한 것이 하늘이 아니다.

帝曰 爾五加[1] 衆 蒼蒼[2] 非天 玄玄 非天.
제왈 이오가 　중 　창창 　비천 　현현 　비천

♣ 蒼 : 푸를(창)

---

1) 오가(五加) : 상고시대(上古時代) 벼슬 이름이면서 성(姓)을 뜻함. 저가(豬加)-돼지, 구가(狗加)-개, 양가(羊加)-양, 마가(馬加)-말, 우가(牛加)-소

2) 창창(蒼蒼) : 푸르고 푸르다.

제2절. 하늘은 허울3)도 바탕도 없고 시작도 끝도 없으며 위와 아래와 사방과 겉도 속도 없다.

天 無形質 無端倪 無上下四方 虛虛空空.
천　무형질　　무단예　　무상하사방　　허허공공

♣ 質 : 바탕(질)　　端 : 시작(단)　　倪 : 끝(예)

제3절. 하늘은 어디나 있지 않은 데가 없으며 무엇이나 싸지 않은4) 것이 없다.

無不在 無不容.
무부재　무불용

---

3) 허울 : 겉으로 나타난 모양
4) 싸지 않은 : 포용하지 않은. 속속 깊이 들어 있다는 뜻

신훈(神訓)

제1절. 하느님은 더 없는 으뜸 자리에 계시며 큰 덕과 큰 슬기와 큰 힘을 지니시고 하늘을 내시며 수 없는 누리를 주관하신다.

神 在無上一位 有大德 大慧 大力
신 재무상일위 유대덕 대혜 대력

生天 主無數 世界.
생천 주무수 세계

제2절. 만물을 지으시되 티끌만한 것도 빠뜨리지 않을 만큼 밝고 신령하시어 감히 이름과 수량을 헤아릴 수 없다.

造甡甡物 纖塵無漏 昭昭靈靈 不敢名量.
조신신물 섬진무루 소소령령 부감명량

♣ 甡 : 모이는 모양(신)   纖 : 가늘(섬)   塵 : 티끌(진)
　漏 : 샐(루)　昭 : 밝을(소)　敢 : 감히, 구태여(감)

제3절. (하느님은) 소리나 기운으로 원하고 빌면 친히 나타나신다. (그러므로) 자기의 본성을 쫓아 씨알5)을 구해야 한다. 우리 머릿골에 내려와 계신다6).

聲氣願禱 絶親見 自性求子 降在爾腦.
성 기 원 도   절 친 견   자 성 구 자   강 재 이 뇌

♣ 願 : 원할(원)   禱 : 빌(도)   絶 : 끊을(절), 사이를 띄우다
   見 : 볼(견), 나타날(현)   腦 : 머리(뇌)

---

5) 씨알 : 마음속에 가지고 있는 하느님의 기운
6) 우리 머릿골에 내려와 계신다 : 하느님의 기운과 사람의 기운이 다르지 않음.

천궁훈(天宮訓)

제1절. 하늘에는 하느님의 나라와 궁궐이 있는데 많은 착함의 실천으로 섬돌7)을 오를 수 있고 많은 덕의 실천으로 문을 열 수 있다.

天 神國 有天宮 階萬善 門萬德.
천 신국 유천궁 계만선 문만덕

♣ 階 : 섬돌, 층계(계)

제2절. 천궁은 하느님이 계시는 곳으로, 여러 신령과 밝은 이들이 모시고 있다. 복되고 상서로우며 지극히 빛나는 밝은 곳이다.

一神攸居 羣靈諸哲 護侍 大吉祥大光明處.
일신유거 군령제철 호시 대길상대광명처

♣ 諸 : 모든, 여러(제)

---

7) 섬돌 : 층계

제3절. 오직 성통의 공을 이룬 사람만이 천궁에 가서 영원한 쾌락을 얻을 것이다.

惟性通功完者 朝永得快樂.
유 성 통 공 완 자　　조 영 득 쾌 락

♣ 惟 : 오직(유)　朝 : 찾아보다, 뵙다(여기서는 '가다'의 뜻) (조)
　得 : 얻을(득)

세계훈(世界訓)

제1절. 총총히 널린 저 별들을 바라보라. 그 수를 다 헤아릴 수 없으며 크고 작고 밝고 어둡고 괴롭고 즐거움이 서로 같지 않다.

爾觀森列星辰 數無盡 大小明暗苦樂不同.
이 관 삼 열 성 신 수 무 진 대 소 명 암 고 락 부 동

♣ 觀:볼(관)　森:총총히(삼)　列:벌릴(열)　暗:어두울(암)

제2절. 하느님께서 모든 누리[8]를 만드시고 그 중에서 해누리 맡은 사자[9]를 시켜 칠백 누리를 거느리게 하셨다.

一神造羣世界　神　勅日世界使者　轄七
일 신 조 군 세 계　신　칙 일 세 계 사 자　할 칠

---

8) 누리 : 세계

9) 해누리 맡은 사자 : 해(日)를 관장하는 직분을 맡은 사람

百世界.
백 세 계

♣ 勅 : 조서, 시키다(칙)   轄 : 거느릴(할)

제3절. 너희가 살고 있는 땅이 제일 큰 것 같으나 작
     은 한 개의 덩어리로 된 세계이다.

爾地自大 一丸世界.
이 지 자 대   일 환 세 계

♣ 丸 : 둥글(환)

제4절. 지진이 일어나고 화산이 터져 바다가 육지 되
     고 육지가 바다 되면서 마침내 모든 형상을
     이루었다.

中火震盪 海幻陸遷 乃成見象.
중 화 진 탕   해 환 육 천   내 성 현 상

♣ 震 : 지진(진)   盪 : 끓일물(탕)   幻 : 변할(환)   遷 : 옮길(천)
　象 : 모양(상)

제5절. 하느님께서 기운을 저 밑까지 불어넣고 햇빛과 열을 쬐시니 기어 다니고, 날고, 탈바꿈하고, 헤엄질치고, 심는 온갖 동식물이 번성하게 되었다.

神 呵氣包底煦日色熱 行翥化游栽物 繁植.
신 가기포저후일색열 행저화유재물 번식

♣ 呵 : 불다(가)   底 : 밑(저)   煦 : 따뜻하게 할(후)
　翥 : 날아오를(저)   游 : 놀(유)   栽 : 심을(재)   繁 : 많을(번)

진리훈(眞理訓)

제1절. 사람과 만물이 다 같이 삼진10)을 받으니 그것을 성품, 목숨, 정기라 한다.

人物 同受三眞 曰性命精.
인물 동수삼진 왈성명정

♣ 精 : 생명의 근본(정)

제2절. 사람은 이 세 가지를 온전히11) 받으나 만물은 치우치게 받는다.

人 全之 物 偏之.
인 전지 물 편지

♣ 偏 : 치우칠(편)

제3절. 본래의 성품은 착함도 악함도 없으니 가장 밝

---

10) 삼진(三眞) : 하늘로부터 타고난 세 가지 참됨

11) 온전히 : 조화롭게, 옹골게, 골고루, 모두

은 지혜로서 두루 통하여 막힘이 없고, 본래의 목숨은 맑음도 흐림도 없으니 다음 밝은 지혜로서 다 알아 미혹함이 없으며, 본래의 정기는 후함도 박함도 없으니 그다음 밝은 지혜로서 잘 보전하여 이지러짐이 없으니 모두 본래로 돌아가면 하느님과 하나가 된다.

眞性無善惡 上哲 通 眞命 無 淸濁 中哲
진성무선악 상철 통 진명 무 청탁 중철

知 眞精 無厚薄下哲 保 返眞 一神.
지 진정 무후박하철 보 반진 일신

♣ 濁 : 흐릴(탁)   厚 : 두터울(후)   薄 : 엷을(박)   返 : 되돌릴(반)

제4절. 사람들은 살면서 미혹에 빠져 마음과 몸과 기운 즉 삼망12)이 뿌리를 내린다.

惟衆 迷地 三妄 着根 曰心氣身.
유중 미지 삼망 착근 왈심기신

♣ 迷 : 미혹할(미)   妄 : 망령될(망)   着 : 붙을(착)   根 : 뿌리(근)

---

12) 삼망(三妄) : 삼진(三眞, 성명정)의 망령된 것이 삼망(三妄, 심기신)

제5절. 마음은 성품에 의지한 것으로서 착하고 악함이 있으니 착하면 복이 되고 악하면 화가 되며, 기운은 목숨에 의지한 것으로서 맑고 흐림이 있으니 맑으면 오래 살고 흐리면 일찍 죽으며, 몸은 정기에 의지한 것으로서 후하고 박함이 있으니 후하면 귀하고 박하면 천하게 된다.

心 依性 有善惡 善福惡禍 氣 依命 有淸濁
심 의성 유선악 선복악화 기 의명 유청탁

淸壽濁殀 身依精 有厚薄 厚貴薄賤.
청수탁요 신의정 유후박 후귀박천

♣ 禍:재화(화) 殀:일찍 죽을(요) 賤:천할(천)

제6절. 삼진과 삼망이 서로 오가는 길을 삼도13)라 하며 그 삼도를 감식촉14)이라 한다.

眞妄 對作三途 曰感息觸.
진망 대작삼도 왈감식촉

♣ 途:길(도) 觸:닿을(촉)

---

13) 삼도(三途) : 삼망(三妄)에서 삼진(三眞)으로 회복 가능한 세 가지 길(방법)
14) 감식촉(感息觸) : 지감(止感), 조식(調息), 금촉(禁觸)

제7절. 삼도는 다시 열여덟 갈래로 나뉘어지는데, 느낌에는 기쁨과 슬픔과 성냄과 두려움과 탐냄과 싫어함이 있고, 숨 쉼에는 향기와 난기와 한기와 열기와 진기와 습기가 있으며, 접촉에는 소리와 빛깔과 냄새와 맛과 음탕함과 살닿음이 있다.

轉成十八境 感 喜懼哀怒貪厭 息 芬殮
전성십팔경　감　희구애로탐염　식　분란
寒熱震濕 觸 聲色臭味淫抵.
한열진습　촉　성색취미음저

♣ 轉 : 구를(전)　境 : 경계(경)　懼 : 두려워할(구)
　哀 : 슬플(애)　貪 : 탐할(탐)　厭 : 싫어할(염)
　芬 : 향기로울(분)　殮 : 썩을(란)　寒 : 차가울(한)
　熱 : 더울(열)　震 : 천둥소리(진)　濕 : 축축할(습)
　臭 : 냄새(취)　淫 : 음란할(음)　抵 : 거스를(저)　觸 : 닿을(촉)

제8절. 보통 사람들은 착함과 악함, 맑음과 흐림, 후함과 박함이 서로 얽혀 막다른 길을 쫓아가며 제 마음대로 살다가 쇠약해져서 병들고 죽는 고통을 겪게 된다.

衆 善惡淸濁厚薄 相雜 從境途任走墮
중 선악청탁후박 상잡 종경도임주타
生長肖病歿 苦.
생장소병몰 고

♣ 雜 : 섞일(잡)   從 : 쫓을(종)   走 : 달릴(주)   墮 : 떨어질(타)
　 歿 : 죽을(몰)

제9절. 밝은 사람은 느낌을 그치고 숨쉼을 고루하며
　　　 접촉을 금하여 오직 한 뜻만을 행함으로써 삼
　　　 망에서 돌이켜 삼진에 이르니 신기가 크게 발
　　　 하여 본성을 통하고 공적을 완수하게 된다.

哲 止感 調息 禁觸 一意化行 返妄卽眞
철 지감 조식 금촉 일의화행 반망즉진
發大神機 性通功完是.
발대신기 성통공완시

♣ 禁 : 금할(금)   卽 : 곧(즉)

참전계경(參佺戒經)

참전계경(參佺戒經)

하느님께서 위에 계시며 인간을 삼백예순여섯 일로 주관하시니 그 강령은 첫째 정성, 둘째 믿음, 셋째 사랑, 넷째 구제, 다섯째 재앙, 여섯째 행복, 일곱째 갚음, 여덟째 응함이다.

聖靈 在上 主宰人間 三百六十六事[15] 其
성령 재상 주재인간 삼백육십육사 기

綱領 曰誠, 曰信, 曰愛, 曰濟, 曰禍, 曰福,
강령 왈성 왈신 왈애 왈제 왈화 왈복

曰報, 曰應.
왈보 왈응

♣ 宰 : 재상(재)　　綱 : 벼리, 통괄하다(강)　　領 : 거느리다(령)

---

[15] 366사(三百六十六事) : 8강령(綱領), 45장 본체(本體), 313절 작용(作用)으로 구성되어 있다.

성(誠)

성은 속마음에서 우러나와 본성을 지키는 정성으로, 여섯 가지 본체와 마흔일곱 가지 작용이 있다.

誠者 衷心之所發 血性之所守 有六體四十七用.
성자 충심지소발 혈성지소수 유육체사십칠용

♣ 衷 : 속마음(충)

여섯 가지 본체는,
제1장. 경신(敬神) : 하느님을 공경해야 하고,
제2장. 정심(正心) : 하느님의 마음같이 바른 마음을 가져야 하며,
제3장. 불망(不忘) : 한시라도 마음에서 잊어서는 안 되며,
제4장. 불식(不息) : 지극한 정성으로 잠시도 쉬지 않아야 하며,
제5장. 지감(至感) : 지극한 정성으로 감응을 주어야 하고,

제6장. 대효(大孝) : 효도를 해야 하는 것이다.

위 여섯 가지 본체의 작용이 온전히 일어났을 때 비로소 정성을 다하는 것이다.

제1장. 경신(하느님을 지극히 공경함)

정성을 다하려면 지극한 마음을 가져야 한다. 해와 달과 별과 바람과 비와 우레와 번개는 하늘의 모습이고, 형상 없어 보이지 않고 소리 없어 들리지 않음은 모습 없는 하늘이다. 모습 없는 하늘과 모습 있는 하늘이 둘 아닌 하나인즉 하느님이시다. 사람이 다함 없는 지극한 마음을 갖지 않으면 하느님이 사람에게 응하지 않으시니 마치 풀과 나무가 비와 이슬과 서리와 눈을 맞지 못함과 같게 될 것이다.

第一章. 敬神

敬者 盡至心也 神 天神也 日月星辰 風雨
경자 진지심야 신 천신야 일월성신 풍우
雷霆 是有形之天 無物不視 無聲不聽 是
뢰정 시유형지천 무물불시 무성불청 시
無形之天 無形之天 謂之天之天 天之天
무형지천 무형지천 위지천지천 천지천
卽天神也 人不敬天 天不應人 如草木之
즉천신야 인불경천 천불응인 여초목지
不經 雨露霜雪.
불경 우로상설

♣ 辰: 때, 별(신) 雷: 우(뢰) 霆: 천둥소리(정) 露: 이슬(로)
霜: 서리(상) 雪: 눈(설)

제1절. 존봉(높이 숭배함)

정성껏 높이 받들어 모셔야 한다. 사람이 하느님을 정성껏 높이 받들어 모시면 어린아이에게 젖을 먹이시듯, 언 몸에 옷을 입히시듯 하느님께서 사람에게 정기를 내리신다. 만약 정성껏 높이 받들지 않으면 귀먹고 눈멀어서 들으려 해도 듣지 못하고 보려고 해도 보지 못할 것이다.

第一節. 尊奉

尊 崇拜也 奉 誠佩也 人而尊奉天神 天神
존 숭배야 봉 성패야 인이존봉천신 천신
亦降精于人 如乳於赤喘 衣於凍體 若無
역강정우인 여유어적천 의어동체 약무
誠而尊之 且聾 且盲 聽之無聞 視之無見.
성이존지 차롱 차맹 청지무문 시지무견

♣ 尊 : 높을(존)　　奉 : 받들(봉)　　崇 : 높을(숭)　　佩 : 찰(패)
　乳 : 젖(유)　　赤 : 발가숭이(적)　　喘 : 목숨, 수명(천)
　且 : 또(차)　　聾 : 귀머거리(롱)　　盲 : 눈멀(맹)　　聽 : 들을(청)

제2절. 숭덕(은혜를 소중히 여김)

하느님을 공경한다는 것은 하느님의 은혜를 높여 소중히 여기는 것이다. 하느님의 은혜는 가문 땅에 단비와 같고 그늘진 골짜기에 봄볕과 같은 것이니 잠깐 동안이라도 하느님의 은혜가 없으면 사람이 사람 될 수 없고 만물은 만물이 될 수가 없다. 그러므로 밝은 사람은 열심히 하느님의 은혜를 칭송할 것이다.

第二節. 崇德

崇 尊之也 德[16] 天德也 天德者 甘霖於旱
숭 존지야 덕 　 천덕야 천덕자 감림어한

土 陽春於陰谷 之類也 造次之間 苟未有
토 양춘어음곡 　 지류야 조차지간 구미유

天德 人而不爲人 物爲不爲物是 以 哲人
천덕 인이불위인 물위불위물시 이 철인

孜孜 頌天德.
자자 송천덕

♣ 霖 : 장마(림)　苟 : 잠시라도(구)　孜 : 힘쓸(자)　頌 : 칭송할(송)

---

16) 덕(德) : 은혜

제3절. 도화(뒷사람을 인도함)

하느님을 공경한다는 것은 사람들을 하느님께로 인도하는 것이다. 사람이 하느님의 조화를 알지 못하면 하느님과 사람의 관계에 어두워서 자기가 타고난 성품을 어디서 받았는지 알지 못하며, 자기의 몸이 어디로부터 왔는지 알지 못한다. 하느님의 조화를 먼저 깨닫지 못하면 다른 일들도 알지 못하므로, 이것을 아는 밝은이들은 마땅히 앞장서서 뒷사람들을 인도해야 한다.

第三節. 導化

導 指引也 化 天工造化也 人 不知有天工
도 지인야 화 천공조화야 인 부지유천공
造化則昧於天人之理 不知我賦性 從何而
조화칙매어천인지리 부지아부성 종하이
受矣 亦不知我身體自何而來 矣 覺不先
수의 역부지아신체자하이래 의 각불선
此無所餘覺 哲人 宜開 導後人.
차무소여각 철인 의개 도후인

♣ 昧 새벽, 어두울(매) 賦 구실(부) 餘 남을(여)

제4절. 창도(바른길을 밝힘)

하느님을 공경한다는 것은 하느님의 섭리를 밝히는 것이다. 사람이 한결같이 바르게 살면 요망한 괴물이 감히 그 모습을 나타내지 못할 것이며, 사특한 마귀 또한 그 간사함을 드러내지 못할 것이다. 바른길은 치우침이 없으니 그 법도를 잘 지키면 하느님의 섭리를 밝히게 될 것이다.

第四節. 彰道

彰 贊也 道 天神正道也 人 以正道則妖怪
창 찬야 도 천신정도야 인 이정도칙요괴

不能顯其狀 邪魔不能逞其奸 夫正道者
불능현기상 사마불능령기간 부정도자

中道也 中一其規 天道乃彰.
중도야 중일기규 천도내창

♣ 彰 : 밝을(창)   贊 : 밝힐(찬)   妖 : 요사스럴(요)   怪 : 기이할(괴)
   魔 : 마귀(마)   逞 : 굳셀(정)   奸 : 간사할(간)

제5절. 극례(예를 극진히 갖춤)

하느님을 공경한다는 것은 하느님께 예를 갖춰 극진히 하는 것이다. 예절이 없으면 공손하지 못하며 공손하지 못하면 성의가 없게 된다. 만약에 예와 공경을 다하면 하느님께서 고루 기쁘게 임하실 것이다.

第五節. 克禮

克 極也 禮 敬天神之禮也 無禮則不恭 不
극 극야 예 경천신지례야 무례즉불공 불

恭則無誠 若盡禮盡敬 天神 穆臨于上.
공즉무성 약진례진경 천신 목임우상

♣ 克 능히, 잘(극)   極 다할(극)   恭 공손할(공)   穆 화목할(목)
　臨 림할(림)

제6절. 숙정(기운을 세우고 마음을 바로 함)

하느님을 공경한다는 것은 자기 기운을 멈춰 세우고 마음을 바르고 고요하게 하는 것이다. 기운을 멈춰 세우면 물욕이 일지 않고 마음을 바르게 정하면 하느님의 섭리가 스스로 밝아 마치 햇빛 아래 거울을 걸어 놓음과 같아서 그늘지고 어두운 곳을 밝고 깨끗하게 하니 기운을 세우고 마음을 정하여 공경하면 능히 하느님을 볼 것이다.

第六節. 肅靜

肅 立氣也 靜 定心也 立氣則物慾 不作
숙 입기야 정 정심야 입기즉물욕 부작

定心則天理自明 如日下掛鏡 陰暗映輝
정심즉천리자명 여일하괘경 음암영휘

以肅靜敬之 能覩在天之靈.
이숙정경지 능도재천지령

♣ 肅 엄숙할(숙) 靜 고요할(정) 掛 걸(괘) 鏡 거울(경)
輝 빛날(휘) 覩 볼(도)

제7절. 정실(깨끗한 장소를 택함)

하느님을 공경한다는 것은 밝고 깨끗한 곳에서 정성껏 하느님을 받드는 것이다. 높은 곳을 잘 택하여 나쁜 냄새와 더러운 것을 금하고 말없이 정숙해야 하며 너무 번거롭지 말며 쓰이는 기구는 귀중하고 보배로운 것보다 질박하고 정결한 것이라야 한다.

第七節. 淨室

淨室者 尊奉天神之處也 卜陟乾 禁葷穢
정실자 존봉천신지처야 복척건 금훈예

絶喧譁 勿繁式器具 不在重寶 質潔 是要.
절훤화 물번식기구 부재중보 질결 시요

♣ 淨 깨끗할(정)　陟 높을(척)　乾 하늘(건)　葷 냄새날(훈)
　穢 더러울(예)　喧 떠들썩할(훤)　譁 시끄러울(화)
　潔 깨끗할(결)

제8절. 택재(엄숙히 계를 지킴)

하느님을 공경한다는 것은 엄숙한 자세로 조용히 계를 지키며 뜻을 지니는 것이다. 비록 빌 것이 있더라도 육감에 치우쳐 급하게 서두르면 하느님께 방자한 행위가 되는 것이니 반드시 좋은 날을 택하고 마음을 가다듬어 한마음 한뜻이 된 후에 빌면 하느님께서 굽어살피신다.

第八節. 擇齋

擇 至精之儀也 齋 靜戒之意也 雖有所禱
택 지정지의야 재 정계지의야 수유소도

以六感餘使 猝然求之 此 慢天神也 必擇
이육감여사 졸연구지 차 만천신야 필택

日戒心 一道誠線 盤榮于胸次然後乃行則
일계심 일도성선 반영우흉차연후내행즉

天神 俯瞰.
천신 부감

♣ 擇 가릴(택)　齋 공손할, 재계할(재)　猝 갑자기(졸)
　慢 거만할(만)　盤 확실할(반)　胸 가슴(흉)　俯 숙일(부)
　瞰 볼(감)

제9절. 회향(공손히 향을 올림)

향로를 받들어 올릴 때도 공손히 천리를 간다는 마음을 가져야 한다. 향내는 쉽게 흩어지지 않고 정성 지극한 깊은 곳을 향한다.

第九節. 懷香

香詩曰 欲供一爐奉 恭懷千里心 香煙 飛
향시왈 욕공일로봉 공회천리심 향연 비

不散 定向至誠深.
불산 정향지성심

♣ 懷 품을(회)   供 이바지할(공)   爐 화로(로)   煙 연기(연)
　散 흩어질(산)   深 깊을(심)

제2장. 정심(바른 마음을 가짐)

하느님의 마음같이 바른 마음을 가져야 한다. 마음에 아홉 구멍이 있는데 감정에 좌우되면 하늘의 이치를 구하려 해도 얻지 못할 것이다, 만약에 한 마음이 뚜렷하게 서면 태양의 밝은 빛에 구름과 안개가 사라짐과 같고 넓고 넓은 바다에 티끌과 먼지가 앉지 못함과 같을 것이다.

第二章. 正心

正心者　正天心也　心有九竅[17]　六感[18]　弄焉
정심자　정천심야　심유구규　　　　육감　　롱언
求天理而不可得也　若一片靈臺　巍然獨立
구천리이불가득야　약일편령대　외연독립
太陽　光明　雲霧消滅之　大海汪洋塵埃杜
태양　광명　운무소멸지　대해왕양진애두
絶之.
절지

♣ 竅 구멍(규)　弄 희롱할(롱)　焉 어찌(언)　片 한쪽(편)
　臺 돈대(대)　巍 높을(외)　霧 안개(무)　塵 티끌(진)
　埃 먼지(애)

---

17) 구규(九竅) : 두 눈, 두 귀, 두 콧구멍, 입, 음부(陰部), 항문(肛門)

18) 육감(六感) : 희(喜), 구(懼), 애(哀), 노(怒), 탐(貪), 염(厭)

제1절. 의식(마음에 뿌리내림)

바른 마음을 갖는 것은 마음속 깊이 뿌리를 내려 흔들림이 없는 것이다. 사람의 뜻이 하느님의 뜻에 의하지 않고 욕심을 좇아 망령되게 움직이면 온몸이 불안정하여 마침내 뜻을 이루지 못하고 바람이 불어 나뭇가지가 흔들리다가 뿌리마저 흔들리는 것과 같게 될 것이다. 하느님의 뜻을 욕되게 하지 말아야 하니 먼저 뜻의 밭을 갈고 고르게 해야 한다.

第一節. 意植

意 受命於心者也 植 株植而不移也 意不
의 수명어심자야 식 주식이불이야 의 불

受命於天心 從人欲 而妄動則百體反命 終
수명어천심 종인욕 이망동즉백체반명 종

不收功而風枝 遂搖根矣 欲正天心 先耕意
불수공이풍지 수요근의 욕정천심 선경의

田于衡 乃運.
전우형 내운

♣ 遂 이를(수)　搖 흔들릴(요)　耕 밭갈(경)　衡 평평할(형)

제2절. 입신(몸을 곧게 세움)

바른 마음을 갖는 것은 몸을 곧게 세우는 것이다. 마음에 부끄러움이 없어야 몸을 곧게 하여 세상에 설 수 있게 된다. 부정한 마음을 지니면 은연중에 짜증과 번민이 번갈아 일어나 정신이 흐트러지고 기운이 쇠약해지는 까닭에 중인은 꾸부리고 살며 밝은 사람은 몸을 곧게 세우고 윤택하게 산다.

第二節. 立身

立 直也 身 躬也 無所愧於心然後 乃直躬
입 직야 신 궁야 무소괴어심연후 내직궁
立於世矣 不正心則隱微之間 惱懣 交至
입어세의 부정심칙은미지간 뇌만 교지
精散而氣衰 是故 哲人 粹潤 衆人傴僂.
정산이기쇠 시고 철인 수윤 중인구루

♣ 躬 몸(궁)　愧 부끄러워할(괴)　隱 숨을(은)　粹 순수할(수)
　傴 꾸부릴(구)　僂 꾸부릴(루)　衆 무리(중)　人 사람(인)

제3절. 불혹(미혹되지 않음)

바른 마음을 갖는 것은 사물에 미혹되지 않는 것이다. 마음을 바르게 가지면 지혜가 밝아져서 사물을 밝은 지혜로 살피므로 자연히 더럽고 곱고 섬세하고 조잡함이 나타나 사물을 분별하기 전에 지혜로서 먼저 알게 되므로 미혹에 빠질 수가 없다. 마음이 어두우면 발을 겹겹으로 쳐서 막은 것과 같아 발 밖에서 뛰고 날고 해도 짐승인지 새인지 알지 못하여 마침내 미혹에 빠지게 된다.

第三節. 不惑

不惑者 不惑之於物也 心正則明 物照於明
불혹자 불혹지어물야 심정즉명 물조어명

自顯其醜姸精粗 不待我別之而物先知於明
자현기추연정조 부대아별지이물선지어명

何惑焉 心不明則如隔重簾 簾外走的飛的
하혹언 심불명즉여격중렴 염외주적비적

不知是獸是禽 惑遂生焉.
부지시수시금 혹수생언

♣ 醜 추할(추) 隔 사이뜰(격) 獸 짐승(수) 禽 날짐승(금)
　遂 이를(수)

제4절. 일엄(엄한 기운이 넘침)

바른 마음을 갖는 것은 위엄이 넘치도록 하는 것이다. 하늘이 가을의 뜻을 품으면 엄숙한 기운이 세상에 넘치고 사람이 바른 마음을 품으면 엄숙한 기운이 한결같이 일어나서 위엄은 신령스러운 용과 같고 그 모습은 높은 산과 같게 된다.

第四節. 溢嚴

溢 水盈而過也 嚴 正大之氣色也 天 含秋
일 수영이과야 엄 정대지기색야 천 함추

意 肅氣溢于世界人 包正心 嚴氣一于動
의 숙기일우세계인 포정심 엄기일우동

作 威如神龍 形似喬嶽.
작 위여신룡 형사교악

♣ 溢 넘칠(일)   嚴 엄할(엄)   肅 엄숙할(숙)   威 위엄(위)
　喬 높을(교)

성(誠) 59

제5절. 허령(사물에 걸림이 없음)

사물에 걸림 없는 신령스러운 마음을 가져야 한다. 사물에 걸림 없는 신령한 마음을 지니면 마음을 가리는 것이 없어 투명하고 아름다운 옥 같고 걸림 없는 가운데 생기가 돌아 크게는 우주를 두르고 작게는 티끌 속까지 미치니 그 마음은 걸림이 없고 그 기운은 신령스러운 것이다.

第五節. 虛靈

虛 無物也 靈 心靈也 虛靈者 心無所蔽
허 무물야 령 심령야 허령자 심무소폐

犀色玲瓏 虛中生理氣 大周天界 細入微塵
서색영롱 허중생리기 대주천계 세입미진

其理氣也且虛且靈.
기이기야차허차령

♣ 蔽 가릴(폐)　犀 무소(서), 굳다　玲 옥소리(영)　瓏 옥소리(롱)

제6절. 치지(깨달음에 이름)

바른 마음을 갖기 위해서는 아는 데 힘써 깨달아야 한다. 마음 바르기가 한결같으면 마음의 신성함을 알게 되고 또 마음의 신령함을 깨닫게 되니 소리만 들어도 모든 일을 신기하게 통달하고 물건만 보아도 묘하게 깨달아 이미 지난 일과 장차 올 일을 본 듯이 환하게 알게 된다.

第六節. 致知

致知者 知覺乎所不知也 正心而無間斷焉
치지자 지각호소부지야 정심이무간단언
則 心神 掌知 心靈掌覺 聲入而神通 物來
즉 심신 장지 심령장각 성입이신통 물래
而靈悟 旣往將來 燎若當時.
이령오 기왕장래 료약당시

♣ 掌 손바닥, 바로잡다(장)   燎 밝을(료)

제7절. 폐물(사물에 끌리지 않음)

바른 마음을 갖기 위해서는 사물에 끌리지 않아야 한다. 마음은 일을 간직한 곳간이며 몸은 일을 하는 기틀이다. 간직만 하고 밝히지 않으면 편안함을 이룰 수 없다. 밝히는 데는 때와 장소가 있는 것이니 때에 맞춰 열지 않고 곳에 따라 밝히지 않으면 질서가 혼란해지고 도덕이 무너진다. 밝은 사람은 사물에 끌리지 않으므로 열고 밝히는 것을 조심스럽게 한다.

第七節. 閉物

閉 不開也 物 事物也 心者 藏事之府庫
폐 불개야 물 사물야 심자 장사지부고
身者 行事之樞機也 藏而不發 安得現做乎
신자 행사지추기야 장이불발 안득현주호
開發 有時有地 開不以時 發不以地 天理昏
개발 유시유지 개불이시 발불이지 천리혼
暗 人道顚覆故 哲人 閉物而愼開發.
암 인도전복고 철인 폐물이신개발

♣ 樞 지도리, 근본(추)   做 지을(주)   昏 어두울(혼)
　顚 꼭대기, 넘어지다(전)   覆 뒤집힐(복)

제8절. 척정(정욕을 버림)

바른 마음을 갖기 위해서는 정욕을 버려야 한다. 기쁨과 노여움이 있으면 마음을 바르게 갖지 못하며, 좋아함과 미워함이 있으면 마음을 바르게 갖지 못하며, 편안함과 즐거움만 구하면 마음을 바르게 갖지 못하며, 가난과 천박함을 미워하면 마음을 바르게 갖지 못하니, 마음을 바르게 갖고자 한다면 먼저 정욕을 버려야 한다.

第八節. 斥情

斥 却也 情 情慾也 有喜怒則不得正心 有
척 각야 정 정욕야 유희노즉부득정심 유

好惡則不得正心 求逸樂則不得正心 厭貧
호오즉부득정심 구일락즉부득정심 염빈

賤則不得正心 慾正心 先斥情慾.
천즉부득정심 욕정심 선척정욕

♣ 斥 물리칠(척) 却 버릴(각) 厭 싫을(염)

제9절. 묵안(묵묵히 편안함)

바른 마음을 갖기 위해서는 조용한 가운데 편안하게 쉬어야 한다. 조용함은 어지러운 마음을 가라앉히고 편안함은 번거로운 마음을 가라앉히니 흙탕물이 점점 맑아져서 다시 흐려지는 것을 막음과 같다. 조용함과 편안함은 마음을 맑게 하는 근원이요 맑은 마음은 마음을 바르게 하는 바탕이다.

第九節. 黙安

黙 沉遠也 安 淡泊也 沉遠以戒心之亂近
묵 침원야 안 담박야 침원이계심지란근
淡泊以戒 心之冗劇則泥水漸淸 重濁 乃
담박이계 심지용극즉니수점청 중탁 내
定 此 淸心之源也 淸心者 正心之基也.
정 차 청심지원야 청심자 정심지기야

♣ 黙 묵묵할, 고요하다(묵)　沉 가라앉을(침)
　淡 맑을, 담담하다(담)　冗 쓸데없을, 흐트러지다(용)
　泥 진흙(니)　漸 점점, 차츰나아가다(점)

제3장. 불망(잊지 않음)

잠시도 잊지 않는 것이 아니고 저절로 잊혀지지 않아야 하는 것이 불망이다. 정성은 온전에 이르기 위한 기본자세이니 일을 시작하는 데는 반드시 기본이 되어야 한다. 늘 잊지 않고 품어온 정성이라야 참으로 정성이며 한 번도 어기지 않고 행함은 바로 그다음이 되는 것이다.

第三章. 不忘

不忘者 不是欲不忘 是天然 不忘也 誠者
불망자 불시욕불망 시천연 불망야 성자

成道之全體 作事之大源也 天然不忘 其
성도지전체 작사지대원야 천연불망 기

所抱之誠則誠 一而無違者 直其次焉耳.
소포지성즉성 일이무위자 직기차언이

♣ 抱 안을(포)

제1절. 자임(스스로 책임짐)

자기 자신을 책임져야 함은 다른 이유에서가 아니고 오로지 그 스스로 우러나는 것이 정성과 같아서 책임지려고 하지 않아도 저절로 책임지게끔 되어 있기 때문이다. 그것은 마치 봄이 가면 가을이 오고 해가 지면 달이 뜨는 것과 같은 것이다.

第一節. 自任

自任者 不由他而專其自然之誠 不求而自至 如春秋之代序日月之相替.
자임자 불유타이전기자연지성 불구이자지 여춘추지대서일월지상체

♣ 專 오로지(전)   替 쇠퇴할(체)

제2절. 자기(스스로 기록함)

잊지 않기 위해서는 기록하려고 해서가 아니고 스스로 기록하게 되어야 한다. 욕심을 내서 기록하는 것은 마음속에 바라는 것이 있기 때문이요, 스스로 기록하는 것은 마음속으로 바라는 것 없이도 저절로 기록되게 되는 것이다. 수도하는 사람은 정성스럽게 이치를 따르며 몸을 위해 나물죽을 먹어도 정신은 골수에 차 있으니 비록 번뇌 망상이 떠오른다 하여도 굳게 다져진 한결같은 생각은 오로지 정성뿐이다.

第二節. 自記

自記者 不欲記而自記也 欲記者 是求之於
자기자 불욕기이자기야 욕기자 시구지어
心者也 自記者 不求之於心而自在者也 修
심자야 자기자 불구지어심이자재자야 수
道之士存誠於誠之理 己爲糝腦洽精故 雖
도지사존성어성지리 기위삼뇌흡정고 수
萬想 交迭 斷斷一念 不外乎誠.
만상 교질 단단일념 불외호성

♣ 糝 나물죽, 섞이다(삼)　洽 두루 미칠, 박혀있다(흡)

제3절. 첩응(가슴에 품다)

잊지 않기 위해서는 가슴에서 떠나지 않도록 품어 두어야 한다. 대체로 타고난 그대로의 정성은 하느님께서 보살피시고 신령이 감싸 주시니 그 정성을 가슴 깊이 간직하면 몸은 차가워지더라도 가슴은 뜨거울 것이다.

第三節. 貼膺

貼膺者 貼乎膺而不離也 夫天然之誠 神
첩응자 첩호응이불리야   부천연지성   신

御之 靈 包之身 載之 牢牷於膺 體寒而膺
어지 영 포지신 재지 로전어응   체한이응

熱.
열

♣ 貼 붙을(첩) 膺 가슴(응) 御 어거할, 다스리다(어)
　載 실을(재) 牢 굳을(로) 牷 온전하다(전)

제4절. 재목(눈에 있음)

잊지 않기 위해서는 눈에 담겨 있어야 한다. 눈에 담겨 있다는 것은 어떤 사물이 있는 장소를 열심히 생각하는 것이 아니라 항상 눈에 담겨 있어야 한다는 것이다. 눈으로는 어떠한 사물이든 다 볼 수 있으나 물건이 없으면 볼 수가 없다. 다만 정성 어린 뜻으로 보면 가까이 있는 것의 이름은 알지 못하더라도 멀리 있는 물건은 한 폭의 그림처럼 훤히 알게 된다.

第四節. 在目

在目者 不思誠之所在而常在於目也 目之
재목자 불사성지소재이상재어목야 목지

於視物 無物不見 但誠意 在目則近物
어시물 무물불견 단성의 재목즉근물

不知名 遠物 如畵圖.
부지명 원물 여화도

제5절. 뢰허(우렛소리도 들리지 않음)

잊지 않기 위해서는 정성 어린 마음이 필요하다. 정성을 쏟을 때는 비록 우레처럼 큰 소리도 저절로 희미해져서 그 소리가 들리지 않는 것이다.

第五節. 雷虛

雷虛者 誠心 纏于耳聞 誠發之時 以雷聲
뢰허자 성심 전우이문 성발지시 이뢰성
之大 自虛而不聞也.
지대 자허이불문야

♣ 雷 우레(천둥) (뢰)　纏 얽힐 (전)

제6절. 신취(정신을 합침)

잊지 않기 위해서는 정신을 한곳에 모아야 한다. 사람의 모든 부분에는 신경이 있어 제각기 지키고 있는 까닭에, 간이 맡은 일에 허파가 참여하지 못하며 위가 맡은 일에 콩팥이 참여하지 못한다. 다만 정성을 다함에 있어서는 모든 신경을 한곳에 모아야 되는 것이니 이 중에 하나만 빠져도 정성을 다하지 못하게 된다.

第六節. 神聚

神 精神也 聚 合也 人之諸經部神 各守
신 정신야 취 합야 인지제경부신 각수
肝役 肺不參 胃役腎不參 但於誠役 諸神
간역 폐불참 위역신불참 단어성역 제신
聚合 無一則不能成誠.
취합 무일즉불능성성

♣ 聚 모일(취)　諸 모든(제)　經 날, 길(경)　肝 간장(간)
　肺 허파(폐)　胃 밥통(위)　腎 콩팥(신)

성(誠) 71

제4장. 불식(정성을 쉬지 않음)

지극한 정성을 쉬지 않아야 한다. 정성을 다함에 있어 쉬지 않는 것과 쉴 수 없는 것과는 각기 다른 점이 있으니 그것은 도력이 왕성해지고 쇠퇴해지는 것과 사람의 욕심이 사라지고 일어나는 것이 털끝만 한 차이에서 발생하지만 차츰 멀어져서 나중에는 하늘과 땅 같이 되는 것과 같은 것이다.

第四章. 不息

不息者 至誠不息也 不息及無息 各自有
불식자 지성불식야 불식급무식 각자유
異 其在道力之奮蹲 人慾之消長 纖毫之
이 기재도력지분준 인욕지소장 섬호지
隔 相去 天壤也.
격 상거 천양야

♣ 息 숨쉴(식)   奮 떨칠, 왕성해질(분)   蹲 웅크릴, 쇠퇴해질(준)
纖 가늘(섬)   壤 흙, 땅(양)

제1절. 면강(힘써 노력함)

정성을 쉬지 않기 위해서는 스스로 힘써 노력하여야 한다. 스스로 힘씀은 꾀가 나는 것을 극복하고 꾸준히 밀고 나가는 것이니, 혹 갈림길이나 모퉁이에 처해도 주저함이 없어야 하며 어려움은 따르겠지만 스스로 해낼 수가 있게 된다. 힘써 노력하는 것은 정성의 본바탕을 깊고 굳게 하는 까닭에 억지로 하려고 애쓰지 않아도 자연적으로 힘이 나서 망설임이 없이 능히 이루게 되는 것이다.

第一節. 勉强

勉强者 勉自强也 自强者 克圖進向 無岐
면강자 면자강야 자강자 극도진향 무기
隅越趄之端 畢竟困而得之也 勉强則誠本
우자저지단 필경곤이득지야 면강즉성본
深固 不治强而能强 無何而能成也.
심고 불치강이능강 무하이능성야

♣ 勉 힘쓸(면)　岐 갈림길(기)　隅 모퉁이(우)　越 머뭇거릴(자)
　趄 뒤뚝거릴(저)　畢 마칠(필)　竟 다할(경)

제2절. 원전(둥글게 굴림)

정성을 쉬지 않는다는 것은 마치 둥근 물체가 평탄한 곳에서 스스로 잘 구르는 것과 같다. 그러므로 그치게 하려 해도 되지 않으며, 천천히 구르게 하려 해도 되지 않으며, 빨리 구르게 하려 해도 되지 않으니, 몸체를 따라 굴러가므로 멈추지 못하는 것이다.

第二節. 圓轉

圓轉者 誠之不息 如圓物之自轉於坪坦也
원 전 자 　성 지 불 식 　여 원 물 지 자 전 어 평 탄 야

欲止而不得　欲緩而不得　欲速而又不得
욕 지 이 부 득 　　욕 완 이 부 득 　　욕 속 이 우 부 득

隨體轉向而不息.
수 체 전 향 이 불 식

♣ 轉 구를(전)　坦 평평할(탄)　緩 느릴(완)　隨 따를(수)

제3절. 휴산(헤아리지 않음)

정성을 쉬지 않기 위해서는 헤아리지 말아야 한다. 하고자 하는 일이 있어 정성을 들일 때는 순간이라도 시작하는 날과 끝나는 시간을 계산하여 본다거나 혹시 그동안에 무슨 감응이라도 있지 않을까 하는 생각을 한다면 이는 정성을 들이지 않는 것과 같은 것이다. 그러므로 정성을 다한다는 것은 정성 들이기 시작한 해도 헤아리지 않으며 정성을 끝마치는 해도 헤아리지 않는 것이다.

第三節. 休算

休 歇也 算 計也 有欲而爲誠者 輒計自起
휴 헐야 산 계야 유욕이위성자 첩계자기
日 曰迄于幾時 抑未有感歟 此 與不誠 同
일 왈흘우기시 억미유감여 차 여불성 동
夫誠之不息者 不算誠之起年 又不算誠之
부성지불식자 불산성지기년 우불산성지
終年.
종년

♣ 歇 쉴(헐) 輒 문득(첩) 起 일어날(기) 迄 이르다, 마침내(흘)
　抑 누를, 굽힐(억)

제4절. 실시(시작을 잊음)

정성을 쉬지 않기 위해서는 처음을 잊어버려야 한다. 어떠한 것에 욕망이 있어 처음으로 정성을 들이기 시작하였어도 정성이 지극하여 점점 깊은 경지에 들어가게 되면 처음에 가졌던 욕망은 차츰 적어지고 정성을 다하려는 의욕이 점점 커져서 한층 더 참된 경지에 들어가게 되니 처음 가졌던 욕망은 아예 없어지고 오로지 정성을 다하고자 하는 의욕만 남게 된다.

第四節. 失始

失 忘也 始 初也 初有所欲爲而始誠 漸入
실 망야 시 초야 초유소욕위이시성 점입

深境則所欲爲 漸微 所欲誠 漸大 又漸入
심경즉소욕위 점미 소욕성 점대 우점입

眞境則無所欲爲而 只有所欲誠而已.
진경즉무소욕위이 지유소욕성이이

♣ 境 지경(경) 只 다만, 이(지)

제5절. 진산(티끌 모아 산을 이룸)

티끌이 바람에 날려 산기슭에 쌓이기를 오랜 세월 거듭하면 산 하나를 이루게 된다. 이와 같이 지극히 작은 티끌로서 이렇게 큰 언덕을 이루는 것은 바람이 쉬지 않고 불어서 티끌을 일으켜 몰아오기 때문이니 정성 또한 이와 같아서 쉬지 않고 정성을 다하면 정성으로 된 산을 가히 이룩하게 된다.

第五節. 塵山

塵 塵埃也 塵埃隨風積于山 陽年 久 乃成
진 진애야 진애수풍적우산 양년 구 내성

一山 以至微之土 成至大之丘者 是風之
일산 이지미지토 성지대지구자 시풍지

驅埃不息也 誠亦如是 至不息則誠山可成
구애불식야 성역여시 지불식즉성산가성

乎.
호

♣ 塵 티끌(진)　久 오랠(구)　驅 몰, 빨리가다(구)

제6절. 방운(정성을 널리 기울임)

정성으로 뜻을 본받고 정성으로 힘을 움직여야 한다. 정성으로 뜻을 본받아 쉬지 않으면 캄캄한 밤중에 밝은 달이 생기고 정성으로 힘을 움직여 쉬지 않으면 한쪽 손으로 만근의 무게를 들어 올릴 수 있다. 비록 그러한 정성의 힘이 있다 할지라도 혹 그 정성으로 뜻이 떠오르거나 가라앉거나 그 정성으로 힘이 연약해지거나 굳세어지거나 하면 그 결과를 알지 못하게 된다.

第六節. 放運

放 放誠意也 運 運誠力也 放誠意而不息
방 방성의야 운 운성력야 방성의이불식
則黑夜 生明月 運誠力而不息則隻手擧萬
즉흑야 생명월 운성력이불식즉척수거만
鈞 雖誠有然 其或誠意 浮沈 誠力 柔強
균 수성유연 기혹성의 부침 성력 유강
不能識其果.
불능식기과

♣ 隻 한쪽(척)   鈞 서른 근(균)   浮 뜰(부)   沈 가라앉을(침)

제7절. 만타(다른 생각에 게으르기)

정성을 쉬지 않기 위해서는 마음에 없는 밖의 일을 생각하지 말아야 한다. 마음속 한결같은 생각은 정성에 있고 정성 어린 생각이 한결같으면, 생각 밖의 일이 일어날 수 없다. 이런 까닭에 가난하고 천함이 그 정성을 게으르게 하지 못하며 넉넉하고 귀함이 그 정성을 어지럽히지 못한다.

第七節. 慢他

慢 不存乎心也 他 念外事也 心一念 在乎
만 부존호심야 타 염외사야 심일념 재호

誠 誠一念 在乎不息則念外事 安能萌動
성 성일념 재호불식즉념외사 안능맹동

乎 是以 貧賤 不能倦其誠 富貴 不能亂其
호 시이 빈천 불능권기성 부귀 불능란기

誠.
성

♣ 慢 게으를(만) 萌 싹(맹) 倦 삼갈(권)

제5장. 지감(지극한 느낌)

지극한 정성으로 느끼고 응함에 이르러야 한다. 느끼고 응함은 하느님께서 느끼시고 사람에게 응하심을 말한다. 사람의 정성이 부족하여 느낌이 없으면 하느님이 어찌 느낄 수 있으며 사람의 정성이 부족하여 응함이 없으면 하느님이 어찌 응할 수 있겠는가? 정성이 지극하지 못하면 정성이 없는 것과 같은 것이며 느껴도 응하지 못하면 느낌이 없는 것과 다를 바 없는 것이다.

第五章. 至感

至感者 以至誠 至於感應也 感應者 天感
지감자 이지성 지어감응야 감응자 천감
人而應之也 人無可感至誠 天何感之 人
인이응지야 인무가감지성 천하감지 인
無可應至誠 天何應之哉 誠而不克 與無
무가응지성 천하응지재 성이불극 여무
誠同 感而不應 與不感無異.
성동 감이불응 여불감무이

제1절. 순천(하느님의 섭리를 따름)

지극한 정성으로 느끼기 위해서는 하느님의 섭리를 따라 정성을 다하여야 한다. 하느님의 섭리를 알면서도 거슬리게 비는 사람들이 간혹 있으며 하느님의 섭리를 잘 모르고 급하게 비는 사람들도 있으니 이는 모두 느낌으로 그치고 응함은 받지 못할 것이다. 만약에 응함을 받으려는 사람은 하느님의 섭리를 거슬리지 말 것이며 하느님의 섭리를 따름에 급히 서둘지도 말아야 할 것이다.

第一節. 順天

順天者 順天理而爲誠也 知天理而逆禱者或
순천자 순천리이위성야 지천리이역도자혹
有之 難天理而速禱者亦有之 此 皆止感而
유지 난천리이속도자역유지 차 개지감이
不受應也 若受應者 順天理而不逆 順天理而
불수응야 약수응자 순천리이불역 순천리이
不速.
불속

♣ 逆 거스릴(역)　禱 빌(도)

제2절. 응천(하느님의 섭리에 응함)

하느님의 섭리에 응하여 정성을 길러야 한다. 하느님께서 근심과 어려움을 주실지라도 달게 받아 정성을 다하여 어긋나지 않게 해야 할 것이며 하느님께서 길함과 상서로움을 내리심에 도리어 두려워하고 정성을 게을리하지 않아야 한다. 근심과 어려움이 돌아감은 정성이 없기 때문이요, 길함과 상서로움이 따름은 정성을 다함에 어긋나지 않았기 때문이다.

第二節. 應天

應天者 應天理而養誠而 天授患難 甘受而
응천자 응천리이양성이 천수환난 감수이
誠不違 天遺吉祥反懼而誠不怠 歸患難於
성불위 천유길상반구이성불태 귀환난어
無誠 屬吉祥於非誠.
무성 속길상어비성

♣ 授 줄(수)　患 근심(환)　遺 끼칠(유)　怠 게으를(태)
　屬 무리, 따르다(속)

제3절. 청천(하느님의 명령을 들음)

하느님의 명령을 받든다 하여 정성을 다하지 않으면 하느님의 감응을 기대할 수 없다. 이르건데 나의 정성이 지극하지 못하다면 어떻게 느낌이 있을 것이며, 또한 하느님의 응함도 없을 것이다. 하느님의 명령을 받들어 정성을 다함에 있어 더욱 오래 하면 더욱 맑아지고 더욱 부지런히 하면 더욱 고요해지니 돌아보건대 정성을 다함이 어디에 있는지 알지 못하게 된다.

第三節. 聽天

聽天者 聽天命而不以誠待感應也 謂吾之
청천자 청천명이불이성대감응야 위오지

誠 必不至於感矣有何所應哉 愈久愈淡
성 필부지어감의유하소응재 유구유담

愈勤愈寂 還不知誠在何邊.
유근유적 환부지성재하변

♣ 待 기다릴(대)   謂 이를(위)   愈 나을(유)   寂 고요할(적)
　還 돌아올(환)   邊 근처(변)

제4절. 낙천(하느님의 뜻을 즐거워함)

하느님의 뜻을 즐거워해야 한다. 하느님의 뜻은 사람에게 지극히 공평하여 사사로움이 없다. 나의 정성이 깊으면 하느님의 감응도 깊고 나의 정성이 얕으면 하느님의 감응도 얕게 된다. 스스로 하느님의 감응이 깊고 얕은 것을 알 수 있는 것은 나의 정성이 깊고 얕은 것을 알 수 있기 때문이니 정성을 점점 더하면 즐거움도 점점 더할 것이다.

第四節. 樂天

樂天者 樂天之意也 天意於人 至公無私
낙천자 낙천지의야   천의어인   지공무사

我之誠 深則天之感深 我之誠 淺則天之
아지성 심즉천지감심 아지성   천즉천지

感 亦淺 自知天感之深淺 知我誠之深淺
감 역천 자지천감지심천   지아성지심천

故 漸誠漸樂也.
고 점성점락야

♣ 淺 얕을(천)

제5절. 대천(하느님을 기다림)

하느님께서는 반드시 정성이 지극한 사람의 감응이 있기를 기다리신다. 하느님의 기다림에 깊이가 없으면 하느님을 믿는 정성이 없어질 것이므로 하느님의 기다림은 한이 없고 사람의 정성 역시 한이 없는 것이다. 비록 하느님의 감응을 겪었다고 할지라도 스스로 하느님을 믿음에 정성을 그치지 말아야 한다.

第五節. 待天

待天者 待天必有感應於至誠之人也 無待
대천자 대천필유감응어지성지인야 무대

天之深則無信天之誠 待之無限而誠亦無
천지심즉무신천지성 대지무한이성역무

限 雖經感應 自不已信天之誠也.
한 수경감응 자불이신천지성야

♣ 待 기다리다, 갖추다, 대비할(대)   限 한계, 한정하다(한)

제6절. 대천(하느님을 받듦)

하느님을 머리에 받들고 있어야 한다. 물건이 머리 위에 있으면 터럭 무게도 느끼게 될 것이다. 하느님 받들기를 무거운 물건 머리 위에 이고 있는 것같이 한다면 머리를 기울이고 몸을 굽히지 못할 것이다. 하느님을 받들어 공경함이 이와 같으면 그 정성된 뜻이 능히 하느님을 감응케 할 것이다.

第六節. 戴天

戴天者 頭戴天也 有物在頭 毫重可覺 戴
대천자 두대천야 유물재두 호중가각 대

天 如戴重物 不敢斜頭而縱身 敬戴如此
천 여대중물 불감사두이종신 경대여차

其誠意 能至於感應也.
기성의 능지어감응야

♣ 戴 머리 위에 올려놓다, 일(대)　敢 감히(감)　斜 굽다(사)
　縱 늘어질, 굽히다(종)

제7절. 도천(하느님께 기도함)

도천이란 하느님께 기도하는 것이다. 기도를 모르는 사람은 어렵다고 말하며 어렵게 기도하고 쉽다고 말하며 쉽게 기도를 드리지만 기도를 아는 사람은 그렇지 않다. 기도를 쉽게 알고 쉽다고 하는 사람은 정성이 자기 자신도 뚫지 못하지만 기도를 아는 자는 기도가 어렵다는 것을 알고 있으므로 정성이 하늘을 꿰뚫는다.

第七節. 禱天

禱天者 禱于天也 不知禱者 謂難者難禱
도천자　도우천야　　부지도자　　위난자난도

易者易禱 知禱者 不然 易者 知易禱故 誠
이자이도　지도자　불연　이자　지이도고　성

不徹己 難者 知難禱故 誠能徹天.
불철기　난자　지난도고　성능철천

♣ 徹 통할(철)

제8절. 시천(하느님을 믿음)

하느님을 믿고 의지하여야 한다. 작은 정성은 하느님을 의심하고 보통 정성은 하느님을 믿으며 지극한 정성은 하느님을 믿고 의지한다. 지극한 정성으로 세상을 살아가면 하느님께서 반드시 도와서 스스로 의지할 바가 있게 되지만 무릇 남다르게 위험한 것을 행하고 괴이한 것을 찾는다면 지극한 정성이라도 하늘의 도움을 받지 못한다.

第八節. 恃天

恃 依恃也 下誠 疑天 中誠 信天 大誠 恃
시 의시야 하성 의천 중성 신천 대성 시
天 以至誠 接世天必庇佑 自有所依 凡他
천 이지성 접세천필비우 자유소의 범타
行險索怪於至誠 何.
행험색괴어지성 하

♣ 恃 믿을(시)　疑 의심할(의)　庇 덮을(비)　佑 도울(우)
　險 험할(험)　索 찾을(색)

제9절. 강천(하느님의 길을 익힘)

하느님의 길을 익혀야 한다. 사람의 일이 순하면 하느님의 길과 화합하고 사람의 일이 거슬리면 하느님의 길도 어그러지는 것이니 순함을 알고 거슬림을 알아 이치에 어긋남이 없어야 한다. 하느님의 길을 익히는 데는 생각을 거듭해야 하며 참으로 두렵게 여겨 근신하면서 마음을 놓지 아니할 때 정성 어린 뜻을 하느님께서 느끼게 될 것이다.

第九節. 講天

講天者 講天道也 人事順則天道和 人事逆
강천자 강천도야 인사순즉천도화 인사역
則天道乖 知順知逆 乖之理者 念念講天
즉천도괴 지순지역 괴지리자 념념강천
恐懼勤愼 不捨於心則誠意 乃至感天.
공구근신 불사어심즉성의 내지감천

♣ 講 익힐(강) 乖 어그러질(괴) 捨 버릴, 그만두다(사)

제6장. 대효(지극한 효도)

한 사람의 효도가 능히 온 나라 사람들을 감동케 하고 또한 능히 천하 사람들을 감동케 하니 천하의 지극한 정성이 아니고서 어떻게 이렇게 될 수 있겠는가? 사람이 감동하면 하느님 역시 감동하신다.

第六章. 大孝

大孝者 至孝也 一人之孝 能感一國之人
대효자 지효야 일인지효 능감일국지인

又能感天下之人 非天下之至誠 焉能至此
우능감천하지인 비천하지지성 언능지차

人感則天亦感之.
인감즉천역감지

제1절. 안충(편안한 마음)

안은 화목하고 충은 마음속 깊은 곳이다. 사람의 자식이 되어 부모님의 마음을 기쁘게 하며 부모님의 마음을 고요하게 하며 부모님의 마음을 먼저 알아드리면 상서로운 구름이 집안에 감돌고 상서로운 기운이 하늘에 뻗치게 된다.

第一節. 安衷

安 和之也 衷 心曲也. 爲人子而安父母之
안 화지야 충 심곡야   위인자이안부모지

心 悅父母之心 定父母之心 先父母之心
심 열부모지심   정부모지심   선부모지심

則祥雲 擁室 瑞氣亘霄.
즉상운 옹실 서기긍소

♣ 衷 속마음(충)　悅 기쁠(열)　擁 안을, 들다(옹)　瑞 상서(서)
　亘 걸칠, 펼(긍)　霄 하늘(소)

제2절. 쇄우(근심을 막음)

즐겁지 않은 일은 드러내지 말아야 한다. 부모님께서 근심이 있으면 자식은 마땅히 화평하게 해드려야 한다. 근심스럽게 해드린 후에 그 근심을 없애려 하는 것은 걱정될 말을 부모님께 들려 드리지 않음만 못하다. 어쩌다 부모님께 걱정을 끼쳐 드렸으면 힘이 부족하고 형편이 어렵다 하더라도 오로지 정성을 다하여 근심을 덜어 드려야 한다.

第二節. 鎖憂

鎖 閉也 憂 不樂事也. 父母有憂 子宜掃
쇄 폐야 우 불락사야 부모유우 자의소

平 與其憂有而後無 莫若不登乎父母之聆
평 여기우유이후무 막약부등호부모지령

聞 設有力不及 勢不追 惟至誠 得之.
문 설유력불급 세불추 유지성 득지

♣ 鎖 쇠사슬, 닫아걸다(쇄) 掃 쓸(소) 莫 장막(막) 聆 들을(령)
追 쫓을, 이루다(추)

제3절. 순지(뜻을 따름)

부모님의 깊은 뜻은 자식마다 제각각이며 자식들이 부모님의 깊은 뜻을 몰라주면 부모님은 뜻을 잃게 된다. 그러면 집안이 즐겁고 몸이 편안하여도 항상 불편한 기색이 있게 된다. 그러므로 효도를 지극하게 하려면 능히 부모님의 깊은 뜻을 따라야 한다.

第三節. 順志

順 平也 志 志氣也 父母之志氣各自不同
순 평야 지 지기야 부모지지기각자부동

子不知父母之志氣 則父母不得志 雖窮身
자부지부모지지기 즉부모부득지 수궁신

家之好娛 常有不平之氣 故 爲大孝子 能
가지호오 상유불평지기 고 위대효자 능

順父母之志.
순부모지지

♣ 窮 다할(궁)   娛 즐거워할(오)

제4절. 양체(몸을 봉양함)

부모님의 몸을 봉양해 드려야 한다. 부모님께서 건강하다 할지라도 마땅히 봉양해야 하는데 행여나 질병이나 혹 중병이 있다면 더욱 그러하다. 질병이 있으면 완전한 몸이 되도록 편안하게 해야 하며 중병도 말끔히 치료해 드린 후라야 가히 사람의 자식으로 효도를 다 한다고 할 수 있다.

第四節. 養體

養體者 養父母之體也 父母之肢體在健康
양 체 자 양 부 모 지 체 야 부 모 지 지 체 재 건 강

猶適宜奉養 況或有殘疾 或有重痾乎 使
유 적 의 봉 양 황 혹 유 잔 질 혹 유 중 아 호 사

殘疾 安如完體 重痾 無遺術然後 可盡人
잔 질 안 여 완 체 중 아 무 유 술 연 후 가 진 인

子之孝矣.
자 지 효 의

♣ 猶 오히려(유) 適 갈, 당연하다(적) 況 하물며, 이에(황)
   殘 해칠(잔) 疾 병(질) 痾 병(아)

제5절. 양구(입맛에 맞춰 봉양함)

부모님께 달고 부드러운 음식을 드려야 한다. 살림이 넉넉하여 맛있는 음식을 차려 드리더라도 남에게 맡겨서 하는 것은 봉양함이 아니며 가난하게 살더라도 물고기를 잡고 나물을 뜯어다 손수 음식을 장만하여 드리는 것이 참으로 봉양하는 것이다. 봉양하지 않은 즉 부모님의 식성을 모르므로 입맛을 잃게 해드리며 음식의 조화를 이루지 못하여 비록 여러 가지 음식을 다 해서 드려도 못마땅하게 된다. 지극히 효도하는 이는 봉양할 줄을 알아서 다섯 가지 맛을 고루 갖추어 끼니마다 입에 맞도록 해드리며 사계절의 때 아닌 음식을 드리니 진실로 하느님께서 감동하신다.

第五節. 養口

養口者 養父母之甘毳也 富 而供珍羞之
양구자 양부모지감취야 부 이공진수지

味 任人 非養也 貧而盡漁採之勞 自執 養
미 임인 비양야 빈이진어채지로 자집 양

也 不養則不知父母之食性 捨其所嗜 違
야 불양즉부지부모지식성 사기소기 위

其所調和之變　雖進水陸萬種　食猶不滿足
기 소 조 화 지 변　수 진 수 륙 만 종　식 유 불 만 종

也　大孝者　知養五味[19]隨性　四時　致非時
야　대 효 자　지 양 오 미　　　수 성　사 시　치 비 시

物者　實天感之.
물 자　실 천 감 지

♣ 毳 맛나다, 부드럽고 맛있다(취)　羞 바칠(수)　採 캘(채)
　 致 바칠(치)

---

19) 오미(五味) : 신맛 산(酸), 매운맛 신(辛), 쓴맛 고(苦), 짠맛 함(鹹),
　　 단맛 감(甘)

제6절. 신명(명령을 빠르게 행함)

부모님의 명령은 빠르게 행하여야 한다. 부모님의 말씀이 있으면 자식은 반드시 받들어 행하여야 한다. 부모님의 분부는 본래 인자하고 사랑스러운 말씀이다. 그러나 엄하게 분부하고 독촉할 때는 인자하고 사랑스러운 표시를 하지 않으신다. 만약에 부모님 말씀을 따름에 있어 잘못이 있으면 부모님께서 말씀은 안하시지만 생각이 달라진다. 그러므로 지극한 효도는 부모님 말씀에 순종하여 단 한마디도 흘려버림이 없는 것이다.

第六節. 迅命

迅 速也 命 父母之命也 父母有命 子必奉
신 속야 명 부모지명야 부모유명 자필봉
行 然 父母之命 是慈愛之命故 嚴托督囑
행 연 부모지명 시자애지명고 엄탁독촉
未有於慈愛之間 若先後相左 緩急失當
미유어자애지간 약선후상좌 완급실당
口雖不言 意思則新 是以 大孝 隨命無遺.
구수불언 의사즉신 시이 대효 수명무유

♣ 迅 빠를(신)   托 밑, 의지하다(탁)   督 살펴볼(독)
   囑 부탁할(촉)   緩 느릴(완)

제7절. 망형(몸에 집착하지 않음)

자기 몸을 잊어야 한다. 자식이 부모님을 섬기는데 자기 몸을 사리지 않음은 부모님의 은혜를 소중하게 보답하는 것이다. 만약에 자기 몸을 사려서는 안 된다는 것을 알고 있으면서도 자기 몸을 잊지 못한다면 이는 곧 자기 몸을 사리는 것이니 지극한 효도는 부모님이 살아계실 때는 자기 몸을 잊어버리고 부모님이 돌아가신 뒤에야 비로소 자기 몸을 생각하는 것이다.

第七節. 忘形

忘形者 忘身形也 子事父母 不敢有其身者
망형자 망신형야 자사부모 불감유기신자

重報父母之恩也只認之 不敢有其身 無忘
중보부모지은야지인지 불감유기신 무망

自己之身形者 還有其身也 大孝者父母在
자기지신형자 환유기신야 대효자부모재

世 頓忘其身 父母歿後 始覺有其身.
세 돈망기신 부모몰후 시각유기신

♣ 頓 조아릴(돈)　歿 죽을(몰)

신(信)

신(믿음)은 하느님의 섭리와 합하는 것으로써 인간 만사를 반드시 이루게 하는 것이니 다섯 가지 무리와 서른다섯 가지 부분이 있다.

信者 天理之必合 人事之必成 有五團三十五部.
신자 천리지필합 인사지필성 유오단삼십오부

다섯 가지 무리는,

제1장. 의(義) : 의로움을 가져야 하고,

제2장. 약(約) : 약속을 지켜야 하며,

제3장. 충(忠) : 충성이 따라야 하며,

제4장. 열(烈) : 절개를 지켜야 하고,

제5장. 순(循) : 순리를 따라야 한다.

　위 다섯 가지 무리의 작용이 온전히 이루어졌을 때 비로소 믿음을 가지게 된다.

제1장. 의(올바름)

올바름이란, 믿음을 굳게 하는 기운이니 그 기운이야말로 마음을 감동시켜 용기를 일으키게 하며, 용기 있게 일에 임하게 하며 마음을 굳게 다지게 한다. 또한 벼락도 그 기운을 깨뜨리지 못하며 그 성질이 야무지고 단단하여 금이나 돌과 같고 그 움직임이 활발하여 큰 강물 흐르는 것과 같다.

第一章. 義[20]

義 粗信而孚應之氣也 其爲氣也感發而起
의 조신이부응지기야   기위기야감발이기

勇 勇定而立事 牢鎖心關 霹靂 莫破堅剛
용 용정이입사 로쇄심관 벽력 막파견강

乎金石 決瀉乎江河.
호금석 결사호강하

♣ 粗 큰(조)   牢 굳게 지킬(로)   鎖 쇠사슬(쇄)   關 빗장(관)
　莫 없을(막)   堅 굳을(견)   瀉 흘러들(사)

---

20) 의(義) : 개인, 가정, 사회, 국가가 유지되기 위하여 지켜야 할 필수 덕목

제1절. 정직(바르고 곧음)

바르면 사사로움이 없고 곧으면 굽음이 없다. 올바름이란 뜻을 바르게 갖고 일 처리를 곧게 하여 사사로움과 굽음이 없는 것이다. 세상을 살아가는 데 있어 차라리 일에 실패할지언정 사람들에게 믿음을 잃게 되어서는 안 된다.

第一節. 正直

正則無私 直則無曲也 夫義 以正秉志 以
정 즉 무 사 　직 즉 무 곡 야 　부 의 　이 정 병 지 　이
直處事 無私曲於其間故 寧事不成 未有失
직 처 사 　무 사 곡 어 기 간 고 　영 사 불 성 　미 유 실
信於人.
신 어 인

♣ 秉 갖다, 잡다(병)

제2절. 공렴(치우치지 않고 깨끗함)

치우치지 않고 일을 보면 사랑함도 미워함도 없으며 깨끗하게 물질을 대하면 이익 봄도 욕심냄도 없는 것이다. 사랑함도 미워함도 없으면 사람들이 올바름을 따르게 되고 이익 봄도 욕심냄도 없으면 사람들이 깨끗함을 믿게 된다.

第二節. 公廉

公 不偏也 廉 潔也 公以視事 無愛憎 廉
공 불편야 렴 결야 공이시사 무애증 렴
以接物 無利慾 無愛憎 人服其義 無利慾
이접물 무리욕 무애증 인복기의 무리욕
人信其潔.
인 신 기 결

♣ 廉 청렴할(렴)　偏 치우칠(편)　憎 미워할(증)　服 따를(복)

제3절. 석절(절개를 소중히 여김)

사람에게 올바름이 있음은 마치 대나무에 마디가 있는 것과 같다. 대나무가 불에 타면 마디에서 소리가 나듯이 몸은 재가 되어도 절개는 재가 되지 않으니 올바름도 이와 다를 바가 없다. 사람이 절개를 소중히 여김은 절개가 무너져서 세상에 이름 남길 때 믿음을 얻지 못할까 두려워서이다.

第三節. 惜節

人之有義猶竹之有節也 竹焚則節有聲 身
인지유의유죽지유절야 죽분즉절유성 신
灰而節不灰 義何異哉 人之惜節者 恐其
회이절불회 의하이재 인지석절자 공기
壞節而不取信於名界也.
괴절이불취신어명계야

♣ 惜 소중히할(석) 焚 불사를(분) 灰 재(회) 壞 무너질(괴)

제4절. 불이(둘이 아님)

불이는 사람이 두 가지 마음을 갖지 않는 것이다. 흐르는 물은 한번 가면 다시 돌아오지 않으며 올바른 사람은 한번 승낙하면 다시 고치지 않는다. 그러므로 끝마무리가 중요한 것이 아니라 처음 시작이 중요한 것이다.

第四節. 不貳

不貳者 不貳於人也 流水 一去而不返 義人
불이자 불이어인야 유수 일거이불반 의인

一諾而不改 故不重其克終 重其有始.
일낙이불개 고부중기극종 중기유시

♣ 諾 승낙할(낙)

제5절. 무친(일가친척이 없음)

친함이란 일가친척처럼 가까운 사이를 일컫는다. 올바름은 친하다고 하여 가까이하고 멀다 하여 물리치지 않는다. 올바르면 비록 먼 사이라도 마음을 합하여야 하고 올바르지 못하면 비록 친하더라도 반드시 버려야 한다.

第五節. 無親

親 親屬及親近也 義 無昵親斥疎 義則雖
친 친속급친근야   의   무닐친척소   의즉수

疎心合 不義則雖親必棄.
소심합 불의즉수친필기

♣ 昵 친할(닐)   疎 멀리할(소), 트일(소)   棄 버릴(기)

제6절. 사기(자기 몸을 분별하지 않음)

사기란 자신의 몸을 분별하지 않는 것이다. 이미 남에게 마음을 허락한 까닭으로 근심과 어려움을 겪게 된다면 몸과 의리를 함께 지켜나가기가 어렵다. 대개 사람들은 의리를 버리고 자기 몸을 지키려 하지만 밝은 사람은 몸을 버리고 의리를 온전히 지킨다.

第六節. 捨己

捨己者 不分其身也 旣許心於人 仍蹈患
사 기 자 불 분 기 신 야   기 허 심 어 인   잉 도 환

難 身義 不可俱全 衆人 捨義而全身 哲人
난 신 의 불 가 구 전   중 인   사 의 이 전 신   철 인

捨身而全義.
사 신 이 전 의

♣ 仍 인할, 따르다(잉) 蹈 지키다(도)

제7절. 허광(빈말로 속임)

빈말로 사람을 속이지 않아야 한다. 바른 사람이 나를 믿으니 나 또한 그 사람을 믿으며 바른 사람이 나를 올바르게 보니 나 또한 그 사람을 올바르게 본다. 바른 사람이 어려움을 당할 때는 마땅히 도와야 하지만 속이는 것이 아니어도 치우친 말을 하여 도와주는 것은 안 된다. 절개를 조금 버리고서라도 신의를 온전히 지키게 되면 밝은 사람으로서 허물이 아니다.

第七節. 虛誑

虛誑者 虛言誑人也 正人 信我 我亦信其
허광자 허언광인야 정인 신아 아역신기
人 正人 義我 我亦義其人 正人 有難 我
인 정인 의아 아역의기인 정인 유난 아
當救之 非誑 不可用片言成之 棄小節而
당구지 비광 불가용편언성지 기소절이
全信義者 哲人不咎焉.
전신의자 철인불구언

♣ 誑 속일(광)   咎 허물(구)

제8절. 불우(남을 탓하지 않음)

남을 탓하지 않아야 한다. 올바른 사람은 스스로 중심을 바르게 잡아서 마음을 정하고 일을 한다. 길하고 흉함과 성공하고 실패함은 남의 것이 아니니 비록 흉하다 할지라도 남을 원망하지 않으며 비록 실패한다 하더라도 남을 탓하지 않는다.

第八節. 不尤

不尤者 不尤人也 義者 自執中正 決心就
불우자 불우인야 의자 자집중정 결심취

事 伊吉伊凶 乃成乃敗 不關於人也 雖凶
사 이길이흉 내성내패 불관어인야 수흉

不怨人 雖敗 不尤人.
불원인 수패 불우인

♣ 尤 문책할(우) 怨 원망할(원)

제9절. 체담(근심을 대신 맡음)

체담은 남을 위하여 근심을 맡는 것이다. 착한 사람은 원통함이 있어도 스스로 풀지 못하며 바른 사람은 위급한 일을 당해도 스스로 해결하지 못하니 밝은 사람은 이를 딱하게 여기어 근심을 부담하는 것이 올바름이다.

第九節. 替擔

替擔者 爲人擔憂也 善人 有寃 自不能伸
체담자 위인담우야 선인 유원 자불능신

正人 有急 自不能救 哲人憫焉而擔憂者
정인 유급 자불능구 철인민언이담우자

義也.
의 야

♣ 替 바꿀(체)　擔 맡을(담)　寃 원통할(원)　憫 불쌍히여길(민)

제2장. 약(약속)

약속은 믿음의 좋은 매개이며 믿음의 엄한 스승이며 믿음을 갖게 하는 근원이며 믿음의 신령한 넋이다. 매개가 아니면 합하지 못하며 스승이 아니면 꾸짖지 못하며 근원이 아니면 흐르지 못하며 넋이 아니면 살지를 못한다.

第二章. 約[21]

約者 信之良媒 信之嚴師 信之發源 信之
약자 신지양매 신지엄사 신지발원 신지

靈魂[22]也 非媒不合 非師不責 非源不流
영혼 야 비매불합 비사불책 비원불류

非魄[23]不生.
비백 불생

♣ 媒 중매(매)   責 꾸짖을(책)

---

21) 약(約) : 개인, 사회, 국가가 유지되기 위하여 지켜야 할 필수 덕목
22) 혼(魂) : 넋(정신을 주관하는 것), 사람의 생장을 맡은 양의 기운(陽氣)
23) 백(魄) : 넋(육체를 주관하는 것), 사람의 생장을 맡은 음의 기운(陰氣)

제1절. 천실(실제로 행함)

천실(踐實)은 약속한 것을 이행하는 것이다. 때에 맞게 나아가서 약속한 일을 깨끗하게 끝마치면 어긋남도 없고 그릇됨도 없으며 남을 헐뜯는 일도 없다.

第一節. 踐實

踐實者 如約也 合奔時日 完淸事物 無參
천실자 여약야 합분시일 완청사물 무참

差 無錯誤 無讒凶.
차 무착오 무참흉

♣ 踐 실천할(천)   奔 달릴, 합하다(분)   參 참여할(참)
　 差 어긋날(차)   錯 섞일(착)   誤 그릇될(오)   讒 참소할(참)

제2절. 지중(중도를 앎)

약속을 지키는 데에는 중도가 있다. 이미 약속하고 중간에 그치거나 괴로움이 싫다고 그치거나 미리 계산해 보고 그치거나 헛된 소문을 믿고 그치는 것은 모두 중도가 아니다. 그러므로 이를 아는 사람은 스스로 경계한다.

第二節. 知中

知中者 知就約 有中道也 旣約而被間而止
지중자 지취약 유중도야 기약이피간이지

厭苦而止 推移而止 聞虛信而止 皆非中道
염고이지 추이이지 문허신이지 개비중도

也 故 知者 自戒.
야 고 지자 자계

♣ 被 덮을(피)

제3절. 속단(끊어질 약속을 이음)

정당하게 이루어진 약속은 끊어지지 않도록 이어야 한다. 큰 약속이 서면 간사한 사람이 가로막고 비웃거나 농간을 부려서 약속을 그만두도록 유인하나 밝은 사람은 정성과 믿음으로 의혹을 풀고 깨우쳐 자연스레 처음으로 돌아가 약속을 계속 이어간다.

第三節. 續斷

續斷者 續將斷之約也 正大成約 奸人沮
속단자 속장단지약야   정대성약   간인 저

戲 偏方 懷疑 將至斷約 哲人 誠信解諭
희 편방 회의   장지단약   철인 성신해유

渾然復初.
혼 연 복 초

♣ 續 잇다, 이을(속) 斷 끊을(단) 將 마땅히~하여야 한다(장)
  沮 막을(저) 戲 비웃을(희) 疑 의심할(의) 諭 밝힐(유)
  渾 온전할, 의심없이(혼)

제4절. 배망(바쁜 일을 물리침)

아무리 바쁘더라도 약속을 지키기 위해서는 바쁜 일을 물리쳐야 한다. 사람이 믿음으로써 성품을 지키면 일을 하는데 질서가 있고 이치에 어긋남이 없으므로 무질서하게 바쁜 일 때문에 약속을 잊어버리지 않는다. 그러나 막히는 것이 있어 생각이 겉돌게 되면 마치 달이 떠도는 구름을 헤쳐나가는 것과 같아서 믿음이 적은 사람은 어려움을 당한 후에야 약속을 이루게 된다.

第四節. 排忙

排忙者 排擱奔忙而超然趁約也 人 以信
배망자 배각분망이초연진약야 인 이신
守性則事有倫次 理無違背 自無由奔忙而
수성즉사유륜차 이무위배 자무유분망이
失約 或想樸有障則如月穿行雲 少信者
실약 혹상박유장즉여월천행운 소신자
困後成之.
곤후성지

♣ 排 물리칠(배) 忙 바쁠(망) 擱 멎을(각) 趁 쫓을(진)
　樸 겉, 표면(박) 穿 뚫을(천)

제5절. 중시(신중히 살핌)

약속할 때는 귀중한 보물을 보듯이 살피고 또 살펴야 한다. 앞으로 약속할 것은 신령스럽게 보아야 하며 이미 한 약속은 마음에서 보고 약속한 때에 이르면 기운으로 보아야 한다.

第五節. 重視

重視者 視之又視也 視約 如玩重寶 察之
중시자 시지우시야 시약 여완중보 찰지
又察 將約 視之於靈 旣約 視之於心 臨期
우찰 장약 시지어령 기약 시지어심 림기
視之於氣.
시지어기

♣ 玩 진귀할(완)

제6절. 천패(하느님께서 무너뜨림)

천패는 사람이 약속을 파기하는 것이 아니라, 하늘이 사람의 약속을 손상시키는 것이다. 천패로 말미암아 약속을 이루지 못했다면 하늘의 뜻이 어디에 있는지 거듭 묻고 따라야 한다. 큰 약속은 하늘의 약속을 듣고 따르며 작은 약속은 하늘에 고하고 실행한다.

第六節. 天敗

天敗者 非人罷約 天敗約也 由之天敗 約
천패자 비인파약 천패약야 유지천패 약

旣不完 聽諸天而已乎 告諸天復乎 大約
기불완 청제천이이호 고제천부호 대약

聽天 小約 告天.
청천 소약 고천

♣ 罷 방면할, 그치다(파)

제7절. 재아(나에게 달려있다)

약속한 대로 이루어짐도 나에게 달려있고 약속한 대로 이루어지지 않음도 나에게 달려있다. 어찌 남이 권한다고 약속을 이행하며 남이 좋지 않게 말한다고 그칠 순 없으므로, 권고를 받지 않음도 나에게 있으며 헐뜯는 것을 믿지 않음도 역시 나에게 있으니, 이러한 일을 겪고 나면 믿음의 힘이 크다는 것을 알게 된다.

第七節. 在我

約之成 在我 約之不成 在我也 豈須人勸
약 지 성 재 아 약 지 불 성 재 아 야 기 수 인 권

而成 人讒而止哉不被勸 在我 不信讒 亦
이 성 인 참 이 지 재 불 피 권 재 아 불 신 참 역

在我然後 知信力之大.
재 아 연 후 지 신 력 지 대

♣ 豈 어찌(기)   須 모름지기(수)

제8절. 촌적(마땅히 헤아림)

촌은 헤아리는 것이며 적은 마땅한 것이다. 찬 것으로 더움을 기약할 수 없고 약함으로써 강함을 기약할 수 없으며, 소원한데 가히 친근함을 기약하지 못하며 가난으로 부유함을 기약할 수 없지만, 비록 춥고 약하고 서먹하고 가난하다 할지라도, 능히 더웁고 강하고 친하고 부유한 것과 기약할 수 있는 것은 그 믿음과 정성이 서로 알맞아 미루어 헤아릴 수 있기 때문이다.

第八節. 忖適

忖 度也 適 宜也 寒不可以約熱 弱不可以
촌 탁야 적 의야 한불가이약열 약불가이

約强 疎不可以約親 貧不可以約富 雖寒
약강 소불가이약친 빈불가이약부 수한

弱疎貧 能完約於熱强親富者 忖其信慤之
약소빈 능완약어열강친부자 촌기신각지

相適也.
상적야

♣ 忖 헤아릴(촌) 適 만날(적) 慤 삼갈, 바를(각)

제9절. 하회(어기고 후회함)

이익을 향하여 약속을 어기면 비록 이익은 있으나 믿음이 없어지는 것이고 사랑을 꾀하여 약속을 어기면 비록 사랑은 하게 되나 믿음이 없어지는 것이다. 이미 믿음이 없으면 결국 이익될 것이 없으며 사랑도 하지 못하게 될 것이니 장차 크게 뉘우치게 된다.

第九節. 何悔

向利背約則雖利無信 謀愛背約則雖愛無信
향 리 배 약 즉 수 리 무 신 모 애 배 약 즉 수 애 무 신
旣無言信矣 利或 不成 愛亦不得 將悔焉.
기 무 언 신 의 이 혹 불 성 애 역 부 득 장 회 언

♣ 何 어찌(하)   悔 뉘우칠(회)

제10절. 찰합(꼭 들어맞음)

반듯한 나무로 만든 기구가 서로 합치듯이 하여야 한다. 한 사람이 믿음을 높이면 한 나라가 믿음을 우러르게 되고, 한 사람이 몸을 굳게 세우면 천하 모두가 믿음을 쫓게 된다. 큰 약속은 마치 평평한 나무가 서로 합쳐지므로 그사이에 한 방울의 물도 스며들지 못하며, 아주 작은 티끌 하나도 끼지 못하는 것과 같다.

第十節. 拶合

拶合者 平木之具相合也 一人 崇信 一國
찰합자 평목지구상합야 일인 숭신 일국
景信 一人立身天下就信 大約 如拶合 點
경신 일인입신천하취신 대약 여찰합 점
水 不能渝 纖芥不能容.
수 불능투 섬개불능용

♣ 拶 닥칠(찰)   渝 넘칠(투)   纖 가늘(섬)   芥 겨자, 티끌(개)

제3장. 충(충성)

충성은 임금님께서 알아주시는 것에 감격하여 성의를 다하고 학문을 궁구하여 하늘의 이치에 따라 임금을 섬기고 그 은혜에 보답하는 것이다.

第三章. 忠[24]

忠者 感君知己之義 盡誠意 窮道學 以天
충자 감군지기지의 진성의 궁도학 이천
理 事君而報答也.
리 사군이보답야

---

24) 충(忠) : 국가가 유지되기 위하여 지켜야 할 기본 덕목

제1절. 패정(정사를 맡음)

임금이 신하를 믿고 정사를 맡기면 신하는 임금을 대신하여 정사를 맡아보되 능력이 뛰어난 인재를 구하여 등용하며 자기보다 어진 이가 있으면 임금께 신중하게 말씀드려서 그 사람이 자기를 대신하여 정사를 맡도록 하여야 한다.

第一節. 佩政

佩政者 爲政也 君 信臣而任政 臣 代君而
패 정 자   위 정 야   군   신 신 이 임 정   신   대 군 이

爲政 求俊乂而進用 有賢於己者則苦諫而
위 정   구 준 예 이 진 용   유 현 어 기 자 즉 고 간 이

替任.
체 임

♣ 乂 어질(예)   諫 간할(간)

제2절. 담중(중대한 일을 맡음)

나라에 큰일이 있을 때는 신하는 맡은 직책에 따라 책임을 완수해야 하는데 특히 맡은 직책에 국가의 안위가 달려있을 때 천지의 기운과 돌아가는 운수를 잘 헤아려 순하고 거스르는 이치에 따를 것이며 번성하고 쇠퇴하는 도리를 알아 재주와 지혜를 다 발휘하여야 한다.

第二節. 擔重

擔重者　擔負重事也　國有大事　身在當職
담중자　담부중사야　국유대사　신재당직

安危攸係　籌算氣數運順逆之理　殫竭才智
안위유계　주산기수운순역지리　탄갈재지

知盛衰之道.
지성쇠지도

♣ 擔 맡을(담)　負 질(부)　攸 위태할(유)　籌 셀(주)
　殫 다할(탄)　竭 다할(갈)

제3절. 영명(임금의 명령을 빛나게 함)

외국의 손님을 맞이할 때는 부드럽게 회유하여 교섭하고 나라 밖에 나가서는 잘 분별하여 대처함으로 위기를 막아야 한다. 충성된 마음이 날이 갈수록 빛나게 하고 서릿발 같은 위엄있는 기운으로 임금의 명령을 온 세상에 널리 떨쳐야 한다.

第三節. 榮命

榮命者 榮君命也 迎賓懷柔 出境辨捍 丹
영명자 영군명야 영빈회유 출경변한 단
心炳日 氣如霜雪使君命 振揚於瀛漠.
심병일 기여상설사군명 진양어영막

♣ 迎 맞이할(영) 瀛 바다(영) 漠 사막(막)

제4절. 안민(백성을 편안하게 함)

나라와 백성이 편안하도록 아무 일도 없게 해야 한다. 임금은 자신을 믿고 따르는 백성들에게 의리로 대하며 도덕을 베풀고 교화하여 생업을 격려하고 학업을 장려하며 나라를 편안케 해야 하는 것이다.

第四節. 安民

安民者 安國民無事也 守君信己之義 布
안민자 안국민무사야 수군신기지의 포
道德於民 行敎化於民 勉業獎學 四境 晏然.
도덕어민 행교화어민 면업장학 사경 안연

♣ 獎 장려할(장)　晏 편안할(안)

제5절. 망가(가정에 매이지 않음)

어진 이가 있으면 천거하여 집에만 머물러 있지 않도록 하며 재물이 있으면 공적인 일에 쓰도록 하여 개인적인 이익을 위주로 쓰지 않도록 하며 인재가 아니면 친척일지라도 천거해서는 안 되며 혹시 벼슬자리를 내리시더라도 받아서는 안 된다.

第五節. 忘家

有賢 薦君而不留家 有財 補公而不營私
유현 천군이불류가 유재 보공이불영사

非才 不擧親戚 君賜 不受.
비재 불거친척 군사 불수

♣ 薦 천거할(천)　留 머무를(류)　戚 친족(적)　賜 줄(사)

제6절. 무신(몸을 잊음)

임금님께 몸을 바침으로써 자기 몸이 있음을 알지 못해야 한다. 임금의 명령이 있으면 괴로워도 사양하지 않으며 편안하고 즐거움이 있어도 근심이 있을 것을 잊지 말아야 한다. 마음이 튼튼하여 점점 쇠약해지는 것을 알지 못하며 마음이 늙지 않음에 늙음이 장차 오는 줄도 몰라야 한다.

第六節. 無身

無身者 許身於君 不知有其身也 君 有命
무신자 허신어군 부지유기신야 군 유명
則不辭辛苦 在安樂亦不忘憂 心壯 不知
즉불사신고 재안락역불망우 심장 부지
壯之漸衰 心不老 不知老之將至.
장지점쇠 심불로 부지로지장지

제4장. 열(열부)

열부는 절개가 굳은 아내다. 절개가 굳은 아내는 지아비에게 목숨을 맡기는 이도 있고 남편을 따라 삶을 버리는 이도 있다. 한 번 시집가거나 혹은 두 번 시집가거나 그 도리는 오직 남편에 대한 믿음에 있다.

第四章. 烈

烈 烈婦也 烈婦 節于其夫 有延命者 有捐
열 열부야 열부 절우기부 유연명자 유연

生者 或於初適 或於再嫁 其道信也.
생자 혹어초적 혹어재가 기도신야

♣ 捐 버릴(연)

제1절. 빈우(손님 대하듯 함)

아내는 지아비 공경하기를 손님을 대하는 예절로써 하여야 한다. 비록 가난하고 천하더라도 지아비에게 더욱 애정을 쏟아야 하고 늙어갈수록 더욱 공손히 받들며 아들딸이 집안에 가득하여도 직접 음식을 장만하여 드려야 한다.

第一節. 賓遇

賓遇者 婦敬夫以賓禮 貧賤而愈愛 老去
빈우자 부경부이빈례 빈천이유애 노거

而愈恭 子女滿堂 猶親供其飮食.
이유공 자녀만당 유친공기음식

♣ 遇 예우(우)　愈 더욱, 점점 더(유)

제2절. 육친(어버이를 봉양함)

아들을 잃은 시부모를 봉양해야 한다. 금석같이 믿고 백년해로를 맹세하였다가 지아비가 먼저 세상을 떠나면 홀로 살고 싶지 않더라도 늙으신 시부모를 친 어버이같이 극진하게 봉양하며 살아서 남편의 몸을 대신해야 한다.

第二節. 育親

育親者 養無子之親也 金石信約 夫歿 不
육친자 양무자지친야 금석신약 부몰 불

欲獨存 爲養老至親 生代夫身.
욕독존 위양로지친 생대부신

♣ 歿 죽을(몰)

제3절. 사고(대를 잇게 함)

유복자로 하여금 지아비 뒤를 잇게 해야 한다. 인륜은 대를 잇게 하는 것보다 더 중한 것이 없고 신의는 유복자를 잘 기르는 것보다 더 큰 것이 없다. 그러므로 살아가면서 윤리와 신의를 지키고 하늘의 바른 법도를 쫓아야 한다.

第三節. 嗣孤

嗣孤者　保遺胎　嗣夫後也　倫莫重於嗣後
사 고 자　보 유 태　사 부 후 야　윤 막 중 어 사 후

信莫大於保孤　故捨人事之倫義　終天理之
신 막 대 어 보 고　고 사 인 사 지 륜 의　종 천 리 지

正經.
정 경

♣ 嗣 이을(사)　孤 외로울, 아버지가 죽어 없는 아이(고)

제4절. 고정(정조를 굳게함)

마음을 굳게 하여 흔들림이 없고 굳은 절개로 정조를 지켜 한결같은 생각으로 지아비만을 믿어야 한다. 눈으로 다른 일을 보지 않으며 귀로 자녀들의 말을 듣지 않는다.

第四節. 固貞

固貞者 固其心 無轉回 貞其節 無移動 斷
고정자 고기심 무전회 정기절 무이동 단

斷一念 信乎其夫目不見産業 耳不聞子女.
단일념 신호기부목불견산업 이불문자녀

♣ 固 굳을(고)

제5절. 닐구(원한을 풀어 드림)

지아비가 누명을 쓰고 죽으면 아내는 마땅히 그 치욕을 깨끗이 씻어 주어야 한다. 원한을 맺은 사람이 뉘우치고 찾아와 용서를 구하면 숨김없이 밝히고 용서하는 것이 바른길이다. 밝은 사람들은 이를 어여삐 여길 것이다.

第五節. 昵仇

昵仇者 夫帶寃而逝 婦宜報雪 仇人 自來
닐구자 부대원이서 부의보설 구인 자래

其事不遠 區區成道哲人憐之.
기사불원 구구성도철인련지

♣ 昵 아비의 사망(닐)　仇 원수(구)　寃 원통할(원)　逝 죽을(서)
　憐 어여삐여길(련)

제6절. 멸신(몸을 떠남)

몸은 순간에 멸하는 것이다. 몸으로는 돌아가신 지아비와 서로 만날 수 없지만, 영혼과 영혼은 서로 만날 수 있으니 마음을 가다듬어 지아비 살아생전의 정신을 따라 살아야 한다.

第六節. 滅身

滅身者 晷刻之間 不存身於世也 肉身 不
멸신자 구각지간 부존신어세야 육신 불

可與靈魂相接 可與靈魂 成雙 速做靈魂
가여령혼상접 가여령혼 성쌍 속주령혼

願隨夫靈魂.
원수부령혼

♣ 晷 뒤따르다, 그림자(구) 隨 따를(수)

제5장. 순(순환)

순환은 해 달 별 등 모습 있는 하늘이 끊임없이 도는 것이다. 모습 있는 하늘의 순환에는 일정한 도수가 있어서 조금도 어김이 없으므로 사람은 하늘을 믿고 우러러 재앙의 추이를 살펴야 한다. 만일 순리를 따르지 않을 때는 반드시 재앙이 오니 스스로 경계하여야 한다.

第五章. 循[25]

循 有形之天之輪回也 有形之天 輪回有
순 유형지천지륜회야 유형지천 륜회유
定數而無違 故 人瞻仰 察災異 自戒不信.
정수이무위 고 인첨앙 찰재이 자계불신

♣ 循 돌(순) 瞻 볼(첨) 仰 우러러볼(앙)

---

25) 순(循) : 자연의 법칙은 끝없이 순환한다(생(生) 성(成) 멸(滅)의 법칙).

제1절. 사시(사계절)

봄 여름 가을 겨울 네 계절이 차례대로 기후가 바뀌면서 모든 생물은 노력한 공을 거두게 된다. 이러한 사시의 순환을 믿어 바다와 육지의 물품을 서로 교류하며 귀하고 천하며 얻고 잃는 관계 속에 생업을 돋우게 된다.

第一節. 四時[26]

四時者 春夏秋冬也 春夏秋冬 次序有氣候
사시자 춘하추동야 춘하추동 차서유기후

生物 收功 信之爲業 海陸交易 貴賤利害.
생물 수공 신지위업 해륙교역 귀천이해

---

[26] 사시(四時) : 춘(春)-생(生)-나고, 하(夏)-장(長)-기르고, 추(秋)-성(盛)-거두고, 동(冬)-멸(滅)-멸하다(휴식)

제2절. 일월(해와 달)

해가 뜨면 낮이 되고 달이 뜨면 밤이 되고 양기가 가면 음기가 오고 음기가 다하면 양기가 생겨나는 것이 털끝만치도 어김이 없으니 이는 하늘에 대한 믿음이다. 사람의 믿음도 하느님의 믿음과 같아진 뒤에야 가히 올바른 이의 믿음이라 할 수 있다.

第二節. 日月[27]

日爲晝 月爲夜 陽去陰來 陰盡陽生 分毫
일위주 월위야 양거음래 음진양생 분호

不差 此天之信也 人之信 如天之信然後
불차 차천지신야 인지신 여천지신연후

可謂哲人之信也.
가위철인지신야

♣ 晝 낮(주)   差 어긋날(차)

---

27) 일월(日月) : 음양(陰陽)의 법칙

제3절. 덕망(덕을 우러러봄)

사람은 성스러운 덕을 우러러보아야 한다. 성스러운 덕망은 소리 없으나 그 미치는 곳마다 사람들이 우러러보게 되니 마치 하늘의 순환이 소리 없으나 다하는 곳마다 만물이 빛을 냄과 같은 것이다. 성스러운 덕은 사람이 우러러보지 않을 수 없으며 하늘의 순환에는 만물이 빛을 내지 않을 수 없으니 이는 사람의 믿음이 하늘의 믿음과 같기 때문이다.

第三節. 德望

德 聖德也 望 人望也 聖德 無聲而所及處
덕 성덕야 망 인망야 성덕 무성이소급처
有人望 如天之輪回無聲而所盡處 有物色
유인망 여천지륜회무성이소진처 유물색
也 德無不望 輪無不色 此 人之信如天之
야 덕무불망 륜무불색 차 인지신여천지
信.
신

♣ 輪 돌(륜)

제4절. 무극(끝이 없다)

두루 돌아서 다시 처음으로 돌아가는 원기는 끝이 없는 것이니 만일 그치거나 쉬는 일이 있으면 하늘의 섭리는 멸하게 된다. 사람이 믿음을 갖는 것도 역시 끝없는 기운의 근본과 같아서 털끝만치라도 끊임이 용납된다면 사람의 바른길은 끝나버리게 된다.

第四節. 無極

無極者 周而復始之元氣也 如有止息 天理
무 극 자 　주 이 복 시 지 원 기 야 　여 유 지 식 　천 리

乃滅 人之養信 亦如無極之元氣 斷若容髮
내 멸 　인 지 양 신 　역 여 무 극 지 원 기 　단 약 용 발

人道廢焉.
인 도 폐 언

♣ 髮 머리털(발)　廢 끝날(폐)

애(愛)

애(사랑)는 자비로운 마음에서 자연스럽게 우러나오는 것으로서 어진 성품의 근본 바탕이니, 여섯 가지 본보기와 마흔세 가지 둘림이 있다.

愛者 慈心之自然 仁性之本質 有六範四
애자 자심지자연 인성지본질 유육범사
十三圍.
십삼위

♣ 慈 자비로울(자)　範 법(범)　圍 둘레(위)

여섯 가지 본보기는,
제1장. 서(恕) : 용서하는 것이며,
제2장. 용(容) : 포용하는 것이고,
제3장. 시(施) : 베풀어야 하며,
제4장. 육(育) : 보호 육성해야 하고,
제5장. 교(敎) : 가르쳐야 하며,
제6장. 대(待) : 참고 기다리는 것이다.

위 여섯 가지 작용이 온전히 이루어졌을 때, 비로소 사랑하는 마음이라고 한다.

제1장. 서(용서)

용서는 사랑스러운 마음에서 연유하는 것으로 자비로운 마음에서 일어나며 어진 마음에서 결정하며 참지 못하는 마음을 돌이켜서 참을 수 있도록 하는 것이다.

第一章. 恕

恕 由於愛 起於慈 定於仁 歸於不忍.
서　유어애　기어자　정어인　귀어부인

♣ 恕 용서할(서)

제1절. 유아(남을 나와 같이 생각함)

남을 나와 같이 생각해야 한다. 내가 춥고 더우면 남도 역시 춥고 더울 것이며 내가 배고프면 남도 역시 배고플 것이며 내가 어쩔 수 없게 되면 남도 역시 어쩔 수 없게 되는 것이다.

第一節. 幼我

幼我者 推人如我 我寒熱 人亦寒熱 我飢
유아자 추인여아 아한열 인역한열 아기

餓 人亦飢餓 我無奈 人亦無奈.
아 인역기아 아무내 인역무내

♣ 推 헤아릴(추)   飢 굶주릴(기)   餓 주릴, 굶주림(아)
　奈 어찌(내)   幼 사랑할 (유)

제2절. 사시(옳은 것과 그른 것)

사시는 옳은 것 같으면서 그르고, 그른 것 같으면서 옳은 것이다. 사랑은 만물을 감싸고 버리지 않으니 가까운 것 백 가지가 옳고 먼 것 오십 가지가 그르다 할 때 가까운 것은 끌어 인도하고 멀리 있는 것도 물리치지 않는 것이 마땅하다.

第二節. 似是

似是者 似是而非 似非而是也 愛包物 不
사시자 사시이비 사비이시야 애포물 불

吐物 近是一百 遠非五十 宜挽近而拒遠.
토물 근시일백 원비오십 의만근이거원

♣ 似 같을(사) 是 옳을(시) 吐 버릴(토) 挽 가까이할(만)
　拒 막을(거)

제3절. 기오(잘못된 길을 바로잡아 주는 것)

기오는 이미 잘못을 알고도 그릇된 길로 가는 것이다. 그릇된 길로 달려가는 것을 힘써 돌이키게 하여 처음 자리인 진실한 길에 바로 서게 하면 그 공로는 바다에서 헤엄치다가 빠진 사람을 건져 주는 것보다 더 어질다 할 것이다.

第三節. 旣誤

旣誤者 旣誤解而誤程也 趲及勉返 正立於
기오자 기오해이오정야 찬급면반 정립어

初則其功 賢於泳海拯人.
초즉기공 현어영해증인

♣ 旣 이미(기) 誤 잘못할(오) 程 한도(정) 趲 흩어질(찬)
拯 건지다(증)

제4절. 장실(장차 잃게 됨)

장실은 장차 욕심 때문에 이치를 잃는 것이다. 절뚝거리는 사람이 미치지 못하는 것을 능하지 않다고 하는 것은 옳으나 내닫는 사람을 보고 능하지 않다고 하는 것은 옳지 못한 것이다. 미치지 못하거나 지나침은 그 잘못이 비록 같다고 할 수 있으나 중간에 머무는 사람은 깨우쳐 주어야 하며 지나치게 내닫는 사람은 손짓하여 불러야 하는 것이다.

第四節. 將失

將失者 將欲失理也 蹇者不及 謂不能則
장실자 장욕실리야 건자불급 위불능즉
可 走者過之 謂不能則不可 一失 雖同 蹇
가 주자과지 위불능즉불가 일실 수동 건
者 論之 走者 招之.
자 논지 주자 초지

♣ 將 장차, 만일(장)　蹇 절뚝거릴(건)　走 달릴(주)
　招 손짓할(초)

제5절. 심적(마음에 드리움)

겉은 착하고 속은 악하여 드러내고 숨기는 것이 나타나지 않지만, 지혜 있는 사람은 오히려 한눈에 알아보게 된다. 그것은 물의 근원을 막으면 넘쳐 흐르고 풀의 뿌리를 뽑으면 잎이 말라버리는 것처럼 자연에서 본받을 용서의 법칙이다.

第五節. 心蹟

心蹟者 表善裡惡 未有顯隱而哲人猶視之
심 적 자 표 선 리 악 미 유 현 은 이 철 인 유 시 지
也 水塞源則過流草去根則無葉 此 恕之
야 수 색 원 즉 과 류 초 거 근 즉 무 엽 차 서 지
自然.
자 연

♣ 蹟 자취(적)   裡 속(리)   隱 숨길(은)   塞 막을(색)
　 恕 깨닫다(서)

제6절. 유정(정이 우러남)

유정은 여러 가지 정이 어찌할 수 없이 우러나는 것이다. 놀라는 것은 뉘우침이고 슬퍼하는 것은 진정시키는 것이며 실의에 빠지기도 하고 진정하기도 한다. 알지 못하던 것도 알게 되고 그러함을 알아서 행하게 되는 것에 따라 용서의 가볍고 무거움이 있다.

第六節. 由情

由情者 出諸情之無奈也 愕然是悔 悵然是
유정자 출제정지무내야 악연시회 창연시

鎭 不知然而知之知然而知之者 恕之輕重
진 부지연이지지지연이지지자 서지경중

也.
야

♣ 愕 놀랄(악) 悵 슬퍼할(창) 鎭 진정할(진) 輕 가벼울(경)

제2장. 용(용납)

용은 만물을 포용함이다. 만 리 되는 바다에는 만 리의 물이 흘러가고 천 길 되는 산에는 천 길의 흙이 쌓여 있다. 넘치는 것도 용납하는 것이 아니며 무너지는 것도 용납함이 아니다.

第二章. 容

容 容物也 萬里之海 逝萬里之水 千仞之
용 용물야 만리지해 서만리지수 천인지
山 載千仞之土 濫之者 非容也 崩之者 非
산 재천인지토 남지자 비용야 붕지자 비
容也.
용 야

♣ 逝 갈(서)　仞 높이 길이를 재는 단위(인)　載 쌓일(재)
　濫 넘칠(남)　崩 무너질(붕)

제1절. 고연(본래부터 그러함)

인간의 이치는 늘 그러한 것이니 자기 분수를 모르고 행동하는 사람은 하늘의 이치에 따라 운행하는 데 실패하고, 하늘의 도를 따르는 바른길을 잃어버리는 그러한 것이 있다. 자벌레는 돌에 오르려 하지 않고 멧닭은 공중을 날려고 하지 않으니, 이것은 자기 분수를 알고 현실을 받아들이는 용납의 시작이다.

第一節. 固然

固然者 人理之常然也 於天理 失運 於天
고연자 인리지상연야 어천리 실운 어천

道 失正 然 尺蠖不上石 山鷄 不戾空 此
도 실정 연 척확불상석 산계 불려공 차

容之始也.
용지시야

♣ 尺 자(척)   蠖 자벌레(확)   戾 어그러질(려)

제2절. 정외(진정이 아님)

정외는 진정이 아닌 의외의 일이다. 조각배가 회오리바람을 만나면 그 누가 나무 조각에 의지하지 않으며 높은 다락방에 불이 나면 그 누가 아래로 뛰어내리지 않겠는가. 회오리바람을 만나고 불이 나는 것은 뜻밖의 일로써 나무 조각에 의지하거나 뛰어내리는 것은 인간이 위기를 받아들이는 것이다.

第二節. 情外

情外者 非眞情也 扁舟遇颶 孰不柝順 重
정외자 비진정야 편주우구 숙불석순 중

樓失火 孰不跳下 遇颶失火 是情外也 柝順
루실화 숙불조하 우구실화 시정외야 석순

跳下 是容機也.
조하 시용기야

♣ 扁 조각(편)   遇 만날(우)   颶 구풍, 맹렬한 폭풍(구)
　孰 누구(숙)   樓 다락(루)   跳 뛸(조)

제3절. 면고(허물을 모면함)

면고는 일을 행하다가 잘못된 것임을 알고 벗어나기 위해 행위를 중지하는 것이다. 그릇되게 지도하고 어긋나게 권유하는 것은 한 말 되는 것을 한 되로 퍼내려는 것과 같아서 성품이 편협하며 허망하며 가볍고 조급하여 진실이 무엇인지 알지 못하고 스스로 진실하다고 하는 사람이니 큰 관용하는 마음이 있어야 살아갈 수 있다.

第三節. 免故

免故者 免乎故行故止也 導誤勸錯 升斗沒
면고자 면호고행고지야 도오권착 승두몰

量 性 偏小 性虛誕 性 輕燥 不知所及眞
량 성 편소 성허탄 성 경조 부지소급진

而謂之自眞者 大容 生焉.
이위지자진자 대용 생언

♣ 導 이끌(도)   勸 권할(권)   錯 섞일(착)   升 되(승)
　沒 가라앉을(몰)　燥 조급할(조)

제4절. 전매(깨우치지 못하여 어두움)

전매는 사람의 천성과 이치를 깨닫지 못하고 어둠에 빠짐을 의미한다. 신령한 성품은 하늘의 이치를 간직하고 하늘의 이치는 인간의 도리를 간직하고 인간의 도리는 정욕을 감추고 있으니 정욕이 심한 사람은 인간의 도리가 무너지고 하늘의 이치가 잠기며 신령한 성품이 파괴된다. 혼돈을 막고 편안함을 이루면 스스로 용납함을 깨닫게 될 것이다.

第四節. 全昧

全昧者 全沒覺性理也 靈性 包天理 天理
전매자 전몰각성리야 영성 포천리 천리

包人道 人道 藏情慾故 情慾甚者 人道廢
포인도 인도 장정욕고 정욕심자 인도폐

天理沉 靈性壞 闢安閉混則已容 自覺.
천리침 영성괴 벽안폐혼즉이용 자각

♣ 甚 심할(심)　闢 물리칠(벽)　廢 폐할(폐)

제5절. 반정(가운데 머무름)

반정은 중간쯤 이르러 머무르는 것이다. 착하고 착하지 않은 사이에서 중립하여 나아감도 물러감도 없는 사람은, 능히 착한 것도 깨닫게 되고 착하지 않은 것도 깨닫게 되어 사물의 이치는 용납하게 되나 성품의 이치는 용납하지 못한다. 그러나 사물의 이치에 어두워지는 것을 경계하면 성품의 이치도 밝아지게 되니 경계함에 따라 용납할 수 있게 된다.

第五節. 半程

半程者　止於中程也　間於善否　中立而無
반정자　지어중정야　간어선부　중립이무
進退者　能悟善而悟不善也　可容物理　不
진퇴자　능오선이오불선야　가용물리　불
可容性理　然　戒物理自衰則性　理自盛容
가용성리　연　계물리자쇠즉성　리자성용
在乎戒.
재호계

♣ 半 가운데(반)　程 보이다, 헤아리다(정)　衰 쇠할(쇠)

제6절. 안념(안이한 생각)

안일한 생각이 너무 크면 성품이 소멸될 것이며 너무 적으면 뜻이 소멸하게 되고 성품과 뜻이 함께 멸하게 되면 존망을 분별하기 어렵게 된다. 사람이 이를 깨닫고도 안일한 생각으로 크고 작은 마음의 불꽃으로 몸을 태운다면 그것을 용납할 사람은 없을 것이다.

第六節. 安念

安念者 大可滅性 小能滅志 性與志俱滅
안념자 대가멸성 소능멸지 성여지구멸

存亡 難辨 遂而人覺 火焰 燒身 猶望容乎
존망 난변 수이인각 화염 소신 유망용호

其容者誰.
기용자수

♣ 焰 불꽃(념)   燒 불태울(소)

제7절. 완급(급하고 느림)

완은 급하지 않은 상태이며 급은 급한 상태이다. 급한 지경에서의 요상한 짓은 혹 용납할 수 있겠으나 느긋한 상황에서의 요상한 짓은 누가 용납하겠는가?

第七節. 緩急

緩 緩界也 急 急界也 急界妖孼 人或可容
완 완계야 급 급계야 급계요얼 인혹가용

緩界妖孼 人不可容也.
완계요얼 인불가용야

♣ 緩 한가할(완)　孼 재앙(얼)

제3장. 시(베풂)

물질이 없는 이에게는 물질을 도와주고 덕이 부족한 이에게는 덕을 베풀어 주어야 한다. 물질을 도와주어 가난을 구하고 덕을 베풀어 성품의 이치를 밝혀야 한다.

第三章. 施

施 賑物也 布德也 賑物 以救艱乏 布德
시 진물야 포덕야 진물 이구간핍 포덕

以明性理.
이 명 성 리

♣ 賑 규휼할(진)　艱 어려울(간)　乏 가난할(핍)

제1절. 원희(기쁨의 근원)

원희는 사람이 하느님으로부터 받은 본바탕이다. 사람의 타고난 성품은 본래 서로 사랑하고 베푸는 것을 기뻐하는 것이니, 사람이 하늘의 섭리를 벗어나 서로 사랑하지 않으면 외롭게 되고, 베푸는 것을 기뻐하지 않으면 천하게 된다.

第一節. 原喜

原喜者 人之天性 原來愛人喜施也 人反天
원희자 인지천성 원래애인희시야 인반천

理 不愛人則孤 不喜施則賤.
리 불애인즉고 불희시즉천

제2절. 인간(알아서 정성껏 함)

남의 어려움을 내가 당한 것같이 알아야 한다. 남에게 급한 어려움이 있으면 정성껏 해결 방법을 마련해 주어야 한다. 이는 능력에 있는 것이 아니라 남을 사랑하기를 내 몸같이 하는 데 있는 것이다.

第二節. 認懇

認懇者　人之艱難　認若己當也　人有急難
인간자　인지간난　인약기당야　인유급난

懇求方略 不在乎力在乎愛人如己.
간구방략　부재호력재호애인여기

♣ 認 알다(인)　懇 정성(간)　略 둘러볼(략)

제3절. 긍발(불쌍히 여김)

긍발은 인자한 마음이 나타나는 것이다. 인자한 마음은 친함도 소원함도 없고 착함도 악함도 없으며 다만 불쌍한 것을 보는 순간 일어나는 것이다. 그러므로 사나운 짐승이 사람에게 의지해 오더라도 이를 보살펴 주어야 한다.

第三節. 矜發

矜發者 慈心 無親疎 又無善惡 但見矜則
긍발자 자심 무친소 우무선악 단견긍즉
發 是以 猛獸依人猶且救之.
발 시이 맹수의인유차구지

♣ 矜 불쌍히여길(긍)   猛 사나울(맹)

제4절. 공반(바른 도리를 펼침)

공반은 착함을 세상에 널리 펼치는 것이다. 착함을 한번 펴면 천하가 착함으로 향하고 착하지 못한 것을 한번 바로 잡으면 천하가 그 허물을 고치게 된다. 따라서 착하지 못한 대장부가 한 사람이라도 있으면 이것은 도가의 허물이 된다.

第四節. 公頒

公頒者 普施天下也 布一善 天下向善 矯
공반자 보시천하야 포일선 천하향선 교

不善 天下改過 一夫之不善 道家之過也.
불선 천하개과 일부지불선 도가지과야

♣ 頒 나눌(반)   矯 바로잡을(교)

제5절. 편허(대상을 분별함)

편허는 위급한 쪽은 도와주고 넉넉한 쪽은 돕지 않는 것이다. 베푸는 데 있어서도 기술적으로 하면 사랑하는 가운데 더 사랑이 있고, 자비로운 가운데 더 자비로움이 있게 되며 어진 가운데 더 어짊이 있게 된다. 두루 넓게 통하게 되면 베풀어 화합하지 못함이 없을 것이다.

第五節. 偏許

偏許者 援急 不助贍也 施亦兼術 愛中有愛
편 허 자 원 급 부 조 섬 야 시 역 겸 술 애 중 유 애

慈中有慈 仁中有仁 搏以其通 施無不合.
자 중 유 자 인 중 유 인 박 이 기 통 시 무 불 합

♣ 贍 넉넉할(섬) 兼 겸할(겸) 搏 가지다(박)

제6절. 균련(고르게 보살핌)

멀리 있는 남의 어려움을 들으면 직접 눈앞에 보는 것같이 해야 하며 모진 어려움이 아니어도 귀 기울여 들어야 한다. 하늘이 비를 내릴 때는 잡초나 곡식에 골고루 내리는 것처럼, 베푸는 것도 비에 젖듯 고르게 스며들도록 한다.

第六節. 均憐

均憐者 聞遠艱 如目睹 非犍困 如殘傾也
균련자 문원간 여목도 비건곤 여잔경야
天有雨稂 不雨莠之理乎 施之均 如雨之霑.
천유우랑 불우수지리호 시지균 여우지점

♣ 均 고를(균)   憐 불쌍히 여길(련)   睹 볼(도)
　犍 짐승이름, 거세하다(건)   殘 해칠(잔)   傾 기울(경)
　稂 강아지풀, 잡초(랑)   莠 고들빼기, 곡식(수)   霑 스며들(점)

제7절. 후박(넘치거나 모자라지 않음)

후는 넘치지 않음이며 박은 모자라지 않음이다. 베푸는 데 있어서 분량이 알맞지 않아도 물 한 잔으로 목마름을 풀듯이 물리치지 못할 것이니, 고르게 하여야 할 때는 반드시 고르게 해야 하며, 간략하게 하여야 할 때는 반드시 간략하게 해야 한다.

第七節. 厚薄

厚 非過也 薄 非不足也 施不適量 勺水解
후 비과야 박 비부족야 시부적량 작수해

渴不可斥 當準必準 當略必略.
갈불가척 당준필준 당략필략

- ♣ 勺 구기(작) : 술 같은 것을 쓸 때 쓰는 기구, 홉의 10분의 1
  渴 목마를(갈)

제8절. 부혼(도와주고 나서 잊음)

남에게 베풀었다면 그 갚음을 바라지 않아야 한다. 돕는 것은 사랑하는 마음에서 움직이고 자비로운 마음에서 일어나며 어진 마음에서 결정하는 것이므로 베푸는 대로 잊어버려서 스스로 공덕으로 여기는 뜻이 없어야 한다.

第八節. 付混

付混者 施之而不望報也 愛心而動 慈心而
부혼자 시지이불망보야 애심이동 자심이

發 仁心而決 故隨施隨忘 無自德之意.
발 인심이결 고수시수망 무자덕지의

♣ 付 줄(부)

제4장. 육(교화로 기름)

사람은 교화로써 길러야 한다. 사람에게 일정한 가르침이 없으면 그물에 벼리를 달지 않은 것과 같으며 옷에 깃을 달지 않은 것과 같아서 제각기 자기 주장을 세워 분잡을 이루는 까닭에 일정한 교육 지침을 세워 사람들을 보호하고 육성해야 한다.

第四章. 育

育 以教化育人也 人無定教則罟不綱 衣
육　이교화육인야　인무정교즉고불강　의

不領 各自樹門 奔雜 成焉 因此一其主教
불령　각자수문　분잡　성언　곤차일기주교

保育人衆.
보육인중

♣ 罟 그물(고)　綱 벼리, 그물 버티는 줄(강)　雜 섞일(잡)

제1절. 도업(생업을 인도함)

업은 생계다. 사람들의 성품의 이치는 서로 같으나 성품의 바탕과 성품의 기운이 같지 않아서 억세고 부드러우며 강하고 약하며 가는 길이 제각기 다르다. 교화 사업을 크게 하여 성품의 바탕을 윤택하게 하고 성품의 기운을 편안하게 하면 비록 굴속이나 둥지에서 살더라도 스스로 생계를 번영하게 할 것이다.

第一節. 導業

業 生計也 人之性理雖同 性質及性氣不
업 생허야 인지성리수동 성질급성기부

同 剛柔强弱 行路各殊 敎化大行 潤性質
동 강유강약 행로각수 교화대행 윤성질

而安性氣則穴處巢居 自營其業.
이안성기즉혈처소거 자영기업

♣ 殊 죽일(수)   巢 집, 둥지(소)

제2절. 보산(산업을 보전함)

보산은 산업을 잃지 않음이다. 마음을 굳게 하고 뜻을 단단히 하여 함부로 팔고 사지 않으며 오래 계속하여 밝게 통하면 떨침이 있고 줄어짐은 없으니 능히 그 산업을 보전할 것이다.

第二節. 保産

保産者 不失産業也 心固志硬 放肆不售
보산자 부실산업야 심고지경 방사불수

業久則通 有振無縮能保其産.
업구즉통 유진무축능보기산

♣ 硬 굳을(경)   肆 함부로할(사)   售 팔(수)   縮 줄어들(축)

제3절. 장근(부지런함을 권함)

사람을 부지런히 교화시켜 기르도록 권장해야 한다. 사람은 교화시키면 참다운 사람이 되니 이것은 마치 봄철에 만물이 점점 자라서 불어남과 같고 먼지 낀 거울을 닦으면 맑아지는 것과 같다. 사람의 단점은 가리고 장점은 드러내서 착함을 열어주고 능함을 떨치도록 하여야 한다.

第三節. 獎勤

獎勤者 獎人之勤化育也 育人而人化 春
장근자 장인지근화육야 육인이인화 춘
物 漸滋 塵鏡 轉明掩短揭長 開善揚能.
물 점자 진경 전명엄단게장 개선양능

♣ 獎 권면할(장)　勤 부지런할(근)　滋 번식할(자)　掩 가릴(엄)
揭 드러낼(게)

제4절. 경타(뒤떨어짐을 경계함)

교육에서 뒤떨어짐을 경계해야 한다. 가다가 되돌아오고 깨었다가 다시 잠들더라도 가지 않고 깨지 않는 것보다 나으니, 이치를 밝혀 가면 기나긴 캄캄한 밤에 멀리서 번갯불이 번쩍이는 것처럼 밝아질 것이다.

第四節. 警墮

警墮者 警之墮敎育也 行而復回 醒而復睡
경타자 경지타교육야 행이부회 성이부수

猶勝乎不行不醒矣 明之以理 長洲黑夜 遠
유승호불행불성의 명지이리 장주흑야 원

電 閃閃.
전 섬 섬

♣ 警 경계할(경) 墮 떨어지다(타) 醒 깰(성) 睡 잠잘(수)
　閃 번쩍일(섬)

제5절. 정노(노련한 어른의 교화)

노련한 사람으로 하여금 편안하게 교화하도록 해야 한다. 지혜롭고 노련한 사람이 스승이 되어 교화를 펼쳐 스스로 덕을 쌓게 하며, 노련하지 못하더라도 어른으로서 정성껏 가르쳐 지키게 하여 스스로 안정을 꾀하게 할 것이다.

第五節. 定老

定老者 定老人之敎化也 賢老 爲師 傳布
정노자 정로인지교화야 현로 위사 전포
敎化 自育其德 愚老 爲翁 誠守敎化 自育
교화 자육기덕 우로 위옹 성수교화 자육
其安.
기 안

♣ 翁 늙은이(옹)

제6절. 배유(어린이를 보살핌)

어린이는 보살펴 주며 길러야 한다. 싹이 틀 때 이슬에 젖지 않으면 비록 줄기가 자라난다 하더라도 반드시 시들듯이 어린아이가 교육을 받지 못하면 비록 자라기는 하나 반드시 우둔하게 되니 보살피며 심고 길러 이루면 그 교화는 가지와 잎같이 서로 번성한다.

第六節. 培幼

培幼者　培養幼穉也　萌不霑露　雖莖必萎
배유자　배양유치야　맹불점로　수경필위

童不服育　雖長必頑培而植之　養而成之　敎
동불복육　수장필완배이식지　양이성지　교

化與枝葉　相繁.
화여지엽　상번

♣ 培 북돋울(배)　穉 어릴(치)　莖 줄기(경)　萎 시들(위)
　頑 둔할(완)　繁 번성할(번)

제7절. 권섬(덕행을 권함)

덕행을 권해야 한다. 너그러운 덕을 지닌 사람이라도 그 성품이 남을 이기기를 좋아하여 덕을 펼치는 일을 힘쓰지 않고 스스로 어질다는 자만에 빠질 수가 있으니 마땅히 덕행을 권하며 살아가도록 해야 한다.

第七節. 勸贍

勸贍者　勸裕德也　有裕德者　性或好勝
권 섬 자　권 유 덕 야　유 유 덕 자　성 혹 호 승

不事流育 自善其賢宜勸而進就.
불 사 류 육　자 선 기 현 의 권 이 진 취

♣ 贍 넉넉할(섬)　裕 너그러울(유)

제8절. 관학(마른 내에 물을 댐)

관학은 마른 하천에 큰물을 대주는 것이다. 하천에 물이 마르면 농산물이 줄어들거나 없어져서 생육의 이치를 알지 못하게 되니 은혜로운 비가 흡족히 내리는 것은 사람이 교육의 보살핌을 받는 것과 같은 것이다.

第八節. 灌涸

灌涸者 灌洪波於涸川也 川涸 産物 靡殘
권학자 관홍파어학천야 천학 산물 미잔

不得生成之理 惠霈降之 如人受育.
부득생성지리 혜패강지 여인수육

♣ 灌 물댈(관) 涸 물마를(학) 靡 흩어질(미) 霈 비쏟아질(패)

제5장. 교(가르침)

떳떳한 윤리와 학문의 도리를 가르쳐야 한다. 사람은 가르침을 받으면 모든 행실이 그 근본을 얻고 가르침을 받지 못하면 비록 좋은 목수라도 먹줄이 없는 것과 같다.

第五章. 敎

敎 敎人以倫常道學也 人 有敎則百行 得
교 교인이륜상도학야 인 유교즉백행 득

體 無敎則雖良工無繩墨.
체 무교즉수량공무승묵

♣ 繩 줄, 먹줄(승) 墨 먹(묵)

제1절. 고부(타고난 바를 돌아봄)

고부는 세상에 나면서 천부적으로 타고난 성품을 돌아봄이다. 하늘이 사람에게 부여한 것은 이치와 기운이다. 따라서 이치에 의거하거나 부합되지 않는 것은 여러 기운이 행하는 바와도 부합되지 않는다. 그런 까닭에 밝은 사람은 타고난 것을 부리고 중간 밝은 사람은 타고난 것을 거느리며 보통 사람은 타고난 것을 돌아본다.

第一節. 顧賦

顧賦者　顧稟賦也　天之賦與以人者　理也
고부자　고품부야　천지부여이인자　이야
氣也　未有不依諸理而合之者　不付諸氣而
기야　미유불의제리이합지자　불부제기이
行之者故　上哲　命賦　中哲　轄賦　下哲　顧賦.
행지자고　상철　명부　중철　할부　하철　고부

♣ 顧 돌아볼(고)　賦 천생으로 타고날(부)　稟 부여할(품)
　轄 지배할(할)

애(愛) 175

제2절. 양성(성품을 기름)

타고난 성품을 넓히고 채워야 한다. 하늘이 주신 성품은 원래 착하나 다만 사람의 성품이 서로 섞여서 물질에 대한 욕심이 일어나게 되는 것이니, 진실로 두루 충실하지 않으면 타고난 성품은 점점 닳아 사라지게 되어 근본을 잃게 될까 두렵다.

第二節. 養性

養性者 擴充天性也 天性 元無不善 但人
양성자 확충천성야 천성 원무불선 단인
性 相雜 物慾 乘釁苟不擴充 天性 漸磨漸
성 상잡 물욕 승흔구불확충 천성 점마점
消 恐失其本.
소 공실기본

♣ 擴 넓힐(확)　充 성실할(충)　乘 탈(승)　釁 틈, 사이(흔)

제3절. 수신(몸을 닦음)

몸은 자기 영이 거하는 집이고 마음은 그 몸을 부리는 것이어서 모든 것이 마음에서 말미암지 않고 허망한 뜻이나 방자한 기운에서 갑자기 착하지 못한 행위를 하면 근본 이치를 해치는 것이다. 그런 까닭에 바른 마음으로 수련한다면 하늘이 주신 성품을 잃는 일이 없을 것이다.

第三節. 修身

身 靈之居宅也 心之所使也 不由諸心而
신 영지거택야 심지소사야 불유제심이

由於妄意肆氣 輒行不善 反害元理故 修
유어망의사기 첩행불선 반해원리고 수

身而失天性者 未之有也.
신이실천성자 미지유야

제4절. 주륜(인륜에 합함)

변함없이 인륜에 합해야 한다. 인륜은 사람의 큰 의로움이니 만약 사람에게 윤리가 없으면 짐승과 같아서 서로 함부로 하는 까닭에 사람을 가르침에는 반드시 윤리를 앞세워야 하며 이것으로 서로 사랑하는 이치를 바르게 해야 한다.

第四節. 湊倫

湊倫者 合於倫常也 倫 人之大義也 無倫
주륜자 합어륜상야 륜 인지대의야 무륜

與畜生 相近 故教人 必先倫理 以正相愛
여축생 상근 고교인 필선륜리 이정상애

之理.
지 리

♣ 湊 합할(주)   畜 가축(축)

제5절. 불기(사람을 가르쳐서 버리지 않음)

사람 가르치기를 잊지 말아야 한다. 가르침이 아니면 영이 사람과 짝하지 못하며 가르침이 없으면 마음이 사람과 합하지 못한다. 하늘의 신령스러움을 듣지 않고 하늘의 마음을 바르게 지키지 않으면 불기의 이치를 알지 못한다.

第五節. 不棄

不棄者 教不棄人也 非教 靈不配人 無教
불기자 교불기인야 비교 영불배인 무교
心不合人 不聽天靈 不守天心者 不知不棄
심불합인 불청천령 불수천심자 부지불기
之理.
지 리

♣ 棄 버릴(기)   配 짝지을(배)

제6절. 물택(가리지 않음)

거리끼거나 걸리지 않아야 한다. 교화가 세상에 널리 퍼져 행하여짐이 해 그림자가 물건을 따라감과 같아 물건이 없으면 비치지 않는다. 어찌 어진 이를 가려내서 가르치며 어질지 않다고 하여 가르치지 않을 것인가. 그러므로 가르침이란 어리석음을 고쳐 어진대로 돌이키는 것이다.

第六節. 勿擇

勿擇者 不拘碍也 教化之流行 如日影隨
물택자 불구애야 교화지류행 여일영수

物 無物不照 何擇賢者而教之 不賢者而
물 무물부조 하택현자이교지 불현자이

不教 故 教者 改愚而返賢也.
불교 고 교자 개우이반현야

♣ 擇 가릴(택)　碍 거리낄(애)　照 비출(조)

제7절. 달면(통달하는 데 힘씀)

가르치는 데 힘쓰고 가르치는 데 통달해야 한다. 가르침이란 가르침을 아는 것보다 어렵고, 가르치는 데 힘쓰기란 가르치는 것보다 어려우며, 가르침에 통달하기란 가르침에 힘쓰는 것보다 어려우니, 가르침에 통달하면 능히 만물을 사랑하는 이치를 알게 된다.

第七節. 達勉

達勉者 勉敎而達敎也 行敎 難於知敎 勉
달면자 면교이달교야 행교 난어지교 면

敎 難於行敎 達敎難於勉敎 達敎則能知
교 난어행교 달교난어면교 달교즉능지

愛物之理.
애물지리

♣ 達 통할(달)

제8절. 역수(거둠에 힘씀)

힘을 한 곳에 쏟아서 공적을 거두어야 한다. 굴러떨어진 돌 조각에는 아로새기지 못하고 가죽나무는 능히 곧게 하지 못하고 어리석고 미련한 사람은 능히 교화시키지 못하니 반드시 힘을 한 곳에 쏟아서 공을 거두어 이웃에 물들게 하지 말아야 한다.

第八節. 力收

力收者 專力以收功也 磅石 不能琢 樗木
역 수 자　전 력 이 수 공 야　　방 석　　불 능 탁　　저 목
不能直 獃愚 不能化 必用力收 勿染漬於
불 능 직　애 우　불 능 화　필 용 역 수　물 염 지 어
隣.
린

♣ 磅 돌떨어지는 소리(방)　琢 새길(탁)　樗 가죽나무(저)
　獃 어리석을(애)　染 물들일(염)　漬 담글(지)

제6장. 대(기다림)

모든 것을 사랑하려면 끝까지 기다려야 한다. 사랑은 보이지도 않고 들리지도 않으므로 깊은 사랑이어야 장래가 무궁하다. 사랑은 깊이 하는 것일 뿐 아니라 실천하는 방법을 알아야 한다.

第六章. 待

愛之諸部　待最大焉者　以其不見不聞　蘊
애 지 제 부　대 최 대 언 자　이 기 불 견 불 문　온

愛於將來之無窮也　非徒蘊愛　亦有方焉.
애 어 장 래 지 무 궁 야　비 도 온 애　역 유 방 언

♣ 蘊 쌓을, 깊은(온)　徒 무리(도)

제1절. 미형(모습이 없음)

미형은 사물이 아직 모습을 드러내지 않은 것이다. 아직 모습을 갖추지도 않은 것을 보고 사랑하며 모습이 나타나는 것을 기다려 보호하되 어진 마음으로 종자를 심어 변하도록 해야 한다.

第一節. 未形

未形者　事物之未形也　見未形而愛之　待
미형자　사물지미형야　견미형이애지　대

現形而護之　若種仁而變之.
현형이호지　약종인이변지

제2절. 생아(싹이 남)

싹이 남은 생물의 비롯이다. 무릇 생물을 사랑하는 사람은 중간에 잘못될까 염려하나 끝내는 번성하기를 몹시 기다린다. 열매를 맺으면 다시 씨앗으로 돌아가는 것이다.

第二節. 生芽

生芽者 物之始也 凡愛物者 愛物之始 慮
생아자 물지시야 범애물자 애물지시 려

有中廢 克待晚榮結果則反之.
유중폐 극대만영결과즉반지

♣ 芽 싹(아) 慮 근심(려)

제3절. 관수(너그러움으로 이룸)

관수는 때때로 너그럽게 하여 일의 끝마침을 보는 것이다. 사람들은 자신에게 너그러움이 있으면 즐거워하고 너그럽지 못하면 근심한다. 너그럽지 않으면 나에게 유익하고 너그러우면 나에게 해로울 것이라고 여기는 사람도 있으니 내가 너그러울 때 즐겁게 이룩하는 것을 보아야 한다.

第三節. 寬遂

寬遂者 寬時而睹遂也 人 有我寬則樂 不
관 수 자　관 시 이 도 수 야　인　유 아 관 즉 락　불

寬則憂者 不寬益我寬 妨我者 我寬時 睹
관 즉 우 자　불 관 익 아 관　방 아 자　아 관 시　도

其樂遂.
기 락 수

♣ 寬 너그러울(관)　遂 이룩할(수)　睹 볼(도), 보다, 가리다

제4절. 온양(온전하게 양육함)

몸과 마음을 편안하게 양육해야 한다. 재물은 있으나 의지할 데가 없으면 외롭고 위태하며 또 환란이 있게 되니 거두어 편안히 자라도록 기르고 마땅한 장소를 찾아 그곳에 머물도록 도우며 자질을 살펴서 직업을 갖도록 해야 한다.

第四節. 穩養

穩養者 安以養之也 有物無依 孤危且患
온양자 안이양지야 유물무의 고위차환

收而養之 安其成長養之有地 相質就業.
수이양지 안기성장양지유지 상질취업

♣ 穩 평온할(온) 患 근심(환)

제5절. 극종(끝맺음을 잘함)

일은 끝맺음을 잘 해야 한다. 처음에는 사랑하다가 나중에 사랑하지 않으면 사물에 끝이 없는 것과 같으니, 누에가 늙어 나뭇가지에서 떨어지면 한 치의 실도 얻을 수 없다. 그러므로 사물을 사랑함에 있어 반드시 끝맺음을 잘해야 한다.

第五節. 克終

克終者 善其終也 愛始不愛終 物無終局
극종자 선기종야 애시불애종 물무종국

老蠶 落枝 尺絲 何得 故 愛物 必克終.
노잠 락지 척사 하득 고 애물 필극종

♣ 克 이길(극) 蠶 누에(잠)

제6절. 전탁(전하여 맡김)

전탁은 (끝맺음을 잘 하도록) 전하여 맡기는 것이다. 밝은 사람은 사랑함에 반드시 시작과 끝맺음을 극진히 하니 끝맺음이 어려운 것은 아니나, 때가 맞지 않아 끝맺음이 어려울 경우에는 (다른 이에게) 전하고 부탁하여서라도 대신 끝맺음을 잘 하도록 해야 한다.

第六節. 傳托

傳托者　傳物而託也　哲人愛物　必克始終
전탁자　전물이탁야　철인애물　필극시종

終之非難　時正不適　傳之託之　續我克終.
종지비난　시정부적　전지탁지　속아극종

♣ 托 부탁할(탁)　續 이을(속)

제(濟)

제(구제)는 덕성과 착함을 겸하는 것으로 도리에 힘입어 두루 도움이 미치게 되는 것이니, 네 가지 규칙과 서른 두 가지 모범이 있다.

濟者 德之兼善 道之賴及 有四規三十二模.
제 자 덕 지 겸 선 도 지 뢰 급 유 사 규 삼 십 이 모

♣ 賴 힘입을(뢰) 模 모범이 될만한 일(모)

네 가지 규칙은,
제1장. 시(時) : 때에 맞게 하는 것이며,
제2장. 지(地) : 곳(장소)에 맞추어야 하며,
제3장. 서(序) : 순서에 맞게 하는 것이고,
제4장. 지(智) : 지혜로서 하는 것이다.

　위 네 가지 작용이 온전히 이루어졌을 때, 비로소 구제를 할 수 있다.

제1장. 시(때)

구제함에는 때가 있다. 때가 맞지 않으면 봄의 제비와 가을의 기러기가 서로 제때를 어김과 같고 물과 산이 멀어지고 털과 껍질이 같지 않음과 같다.

第一章. 時

時 濟物之時也 濟不以時 燕鴻 相違 水與
시 제물지시야 제불이시 연홍 상위 수여

山遠 毛甲 不同.
산원 모갑 부동

♣ 燕 제비(연) 鴻 기러기(홍)

제1절. 농재(농사의 재해)

농사에 부지런하지 않으면 재앙을 만나게 된다. 농사는 천하의 큰 근본이며 네 가지 직업 중에 으뜸이다. 교화가 높고 흡족하려면 사람들이 한가하게 게을리함이 없어야 하니 건강한 자는 농업을 하고 총명한 자는 학문을 하고 민첩한 자는 상업을 하고 재주 있는 자는 공업을 할 것이다. 공업에는 능히 이치를 궁리해야 하며 상업에는 급하게 욕심부리지 말아야 하며 학문에는 능히 도리를 통달해야 하며 농업에는 때를 놓치지 말아야 한다. 농사에 때를 잃지 않으면 사람에게 재앙은 없다.

第一節. 農災

農災者 不勤農而遭災也 農者 天下之大本
농재자 불근농이조재야 농자 천하지대본
四業之首也 教化隆洽 人無閑慵 健者農
사업지수야 교화륭흡 인무한용 건자농
聰者學 敏者商 巧者工 工能窮理 商不徑貪
총자학 민자상 교자공 공능궁리 상불경탐
學能達道 農不失時 農不失時則無人災.
학능달도 농불실시 농불실시즉무인재

♣ 遭 만날(조)   隆 흡족할(륭)   洽 윤택하게 할(흡)
　閑 한가할(한)   聰 총명할(총)

제2절. 양괴(괴이하고 서늘한 기운)

가을바람이 써늘하면 요사하고 괴이한 것이 사람을 해롭게 한다. 마음을 바르게 하면 사특함이 없고 기운을 맑게 하면 동요하지 않으며, 뜻을 정하여 사사로움이 없으면 요사하고 괴이한 것이 감히 가까이 접근하지 못한다.

第二節. 凉怪

凉怪者 秋風肅氣 妖怪 害人也 正心而無
양괴자 추풍숙기 요괴 해인야 정심이무

邪 氣淸而無動 意定而無亂則妖怪 不敢
사 기청이무동 의정이무란즉요괴 불감

近.
근

♣ 凉 서늘할(양)   怪 기이할(괴)

제3절. 열염(찌는 듯한 더위)

찌는 듯이 무더우면 요사한 마귀가 사람을 해롭게 한다. 더운 기운이 하늘을 찌르고 찬 기운이 땅속에 잠복하니, 위로는 하늘이 수증기로 더운 기운을 눌러 아래로 내려보내 땅속의 냉한 기운과 서로 얽히어 충돌한다. 그 사이에서 요사한 것이 생겨 병이 발생한다. 깨끗한 곳에서 마음을 맑게 하고, 신선한 기운을 한 모금 들이마시어 배부르지도 않고 배고프지도 않게 하면, 요사한 마귀가 감히 생겨나지 못한다.

第三節. 熱染

熱染者 酷暑蒸炎 妖魔害人也 六丁[28] 漉
열염자 혹서증염 요마해인야 육정 록

天 三庚[29] 伏地上感下凝 妖生其間 清心淨
천 삼경 복지상감하응 요생기간 청심정

處 哈吹金氣 不飽不飢 則妖魔不敢生.
처 합취금기 불포불기 즉요마불감생

♣ 酷 독할(혹)　蒸 찔, 더울(증)　漉 물마를(록)　凝 엉길(응)
　哈 마실(합)　吹 불(취)　飽 배부를(포)

---

28) 육정(六丁) : 불의 신(火神) - 후한서
29) 삼경(三庚) : 삼복(三伏) - 초복(初伏), 중복(中伏), 말복(末伏)
　　　　　　　초복(初伏) - 하지(夏至) 뒤의 셋째 경일(庚日)
　　　　　　　중복(中伏) - 하지(夏至) 뒤의 넷째 경일(庚日)
　　　　　　　말복(末伏) - 입추(立秋)부터 첫째 경일(庚日)

제4절. 동표(추위에 굶어 죽음)

동표는 굶고 얼어서 죽는 것이다. 사농공상(농업, 학문, 상업, 공업)의 집에 교화를 받지 못한 사람이 있어 직업도 없이 안일을 즐기고 한가함을 찾으며 잘 먹기만을 바라고 옷을 잘 입으려 하면, 그 꾀가 오래 가지 못하고 마침내 굶주려서 얼어 죽게 될 것이다. 그러므로 밝은 사람은 만물을 구제함에 이러한 사람이 없도록 반드시 교화를 먼저 펴야 한다.

第四節. 凍莩

凍莩者 凍餓死也 四業之家 有不霑敎化者
동 표 자 동 아 사 야 사 업 지 가 유 불 점 교 화 자

擔賴無業 嗜逸訪閑 尊衣尙食 其謀不長
담 뢰 무 업 기 일 방 한 존 의 상 식 기 모 부 장

竟至凍莩 故 哲人濟物 必先于此.
경 지 동 표 고 철 인 제 물 필 선 우 차

♣ 凍 얼(동) 莩 굶어죽을(표) 賴 힘입을(뢰) 嗜 즐길(기)
逸 달아날(일)

제5절. 무시(때가 없음)

구제는 항시 하는 것이다. 밝은 사람은 만물을 구제함에 때가 아니더라도 늘 도리에 맞게 덕으로 베푸는데, 마치 따뜻한 봄날에 얼음이 스스로 녹아내리는 것처럼 훈훈하게 한다.

第五節. 無時

無時者 常時也 哲人 以德濟物 準備良道
무시자 상시야 철인 이덕제물 준비량도
爲供不時 薰若春暖 殘氷 自消.
위공불시 훈약춘난 잔빙 자소

♣ 薰 온화할(훈)   暖 따뜻할(난)

제6절. 왕시(때를 놓침)

왕시는 때를 놓쳐버림이다. 병이 들어 때를 모두 놓쳐버리면 새 기운을 다시 살리지 못하며, 바른 도리를 펴지 못하게 되니 그 사특한 뿌리를 즉시 제거해야 한다.

第六節. 往時

往時者　過去時也　有病諸過時　不能蘇新
왕시자　과거시야　유병제과시　불능소신

氣　未展以正道　革其邪根　邪根　卽除.
기　미전이정도　혁기사근　사근　즉제

♣ 蘇 소생할(소)　除 제거할(제)

제7절. 장지(장차 돌아옴)

장지는 장차 오는 것이다. 밝은 이의 큰 도덕은 만세 사람의 법규가 되는 것이나, 물질이 성하면 자연히 법도가 쇠해져서 고질병이 되어 밝은 이의 도덕이 실현되지 못하니, 이것이 행복과 이로움을 쫓아버리게 된다.

第七節. 將至

將至者 將來也 哲人大道爲萬世人規 然
장지자 장래야 철인대도위만세인규 연

物盛則規衰 趁痼未完 祛爲福利.
물성즉규쇠 진고미완 거위복리

♣ 痼 고질(고) 祛 떠날(거)

제2장. 지(만물을 구제하는 땅)

지는 만물을 구제하는 땅이다. 만물을 구제하는 데는 땅에 맞추어서 해야 한다. 구제는 땅의 이치에 합해야 하고 땅이 구제의 바탕이 된 연후에 마땅히 구제해야 하는데, 만일 바탕의 이치에 수레의 큰 바퀴가 순응하지 못하면 진행해도 구부러지고 갈라지게 된다.

第二章. 地

地者 濟物地之也 濟合於地理 地宜於濟
지자 제물지지야 제합어지리 지의어제

質然後 濟 理質 若不應巨輪 行有曲岐.
질연후 제 이질 약불응거륜 행유곡기

♣ 岐 갈림길(기)

제1절. 무유(유약한 것을 어루만짐)

땅의 성질이 유약한 것을 어루만져서 지력을 회복하여 황폐하지 않게 해야 한다. 땅의 성질이 유약하면 사람의 마음도 엎치락뒤치락하여 교화를 행하지 못하게 되니, 물을 끌어들여 대나무를 심고 우물을 깊이 파서 물을 마시도록 할 것이다.

第一節. 撫柔

撫柔者 撫地性之柔 挽回不廢也 地性柔
무유자 무지성지유 만회불폐야 지성유

則人心 反覆 敎化不行 導水灌園 種竹樹
즉인심 반복 교화불행 도수관원 종죽수

飮深井.
음심정

♣ 撫 어루만질(무)　柔 부드러울(유)　飮 마실(음)

제2절. 해강(억센 땅을 풀어줌)

땅의 성질이 억센 것을 풀어서 기운이 고루 돌게 해야 한다. 땅의 성질이 억세면 거기 거주하는 사람의 기질도 거칠고 사나워져서 사사로이 싸우고 잔인하게 해 끼치는 일이 많아 덕화가 막히니, 물을 흐르게 하여 흐르는 물을 마시며 주위에 버드나무를 많이 심어 기운을 부드럽게 할 것이다.

第二節. 解剛

解剛者 解地性之剛 輓回和氣也 地性 剛
해강자 해지성지강 만회화기야 지성 강

則人質 强暴 私鬪多殘害 德化淹滯 飮流
즉인질 강포 사투다잔해 덕화엄체 음류

水 種楊柳.
수 종양류

♣ 輓 끌(만) 暴 사나울(포) 鬪 싸울(투) 淹 담글(엄)
滯 막힐(체) 楊 버드나무(양) 柳 버들(류)

제3절. 비감(기름지고 달게 함)

비감은 땅의 바탕이 기름지고 단 것을 말한다. 땅의 바탕이 기름지고 맛이 달면 사람의 성품도 순후하고 화락하여, 덕을 펴고 교화를 베푸는 데 있어 마치 바람이 싱싱한 풀숲을 지나가는 것 같아 천성을 이루며 천심을 길러 원근에 미치게 된다.

第三節. 肥甘

肥甘者 地質 肥 地味甘也 地味肥味甘則
비감자 지질 비 지미감야 지질비미감즉

人性 淳厚和樂 布德施敎 如風過健草 成
인성 순후화락 포덕시교 여풍과건초 성

其天性 養其天心 派及附近.
기천성 양기천심 파급부근

♣ 肥 살찔, 땅이 기름질(비)   淳 순박할(순)   派 갈라져 흐를(파)

제4절. 조습(땅이 습하고 메마름)

조습은 땅의 바탕이 메마르거나 축축한 것을 말한다. 땅의 바탕이 메마르거나 습하면 사람의 마음도 박하고 악하여 자기 이로움만 꾀하고 옳게 행동하지 않으며 욕심만 따르고 덕을 알지 못하게 되니, 너그럽게 교화시켜 성질을 침착하게 하고 평온한 마음으로 순하고 온화하게 하여 편안해지도록 해야 한다.

第四節. 燥濕

燥濕者 地質 有燥有濕也 地質 燥濕則人
조습자 지질 유조유습야 지질 조습즉인

心 薄惡 謀利而不向義 縱慾而不知德 寬
심 박악 모리이불향의 종욕이부지덕 관

敎沈性 順和平心 安以回之.
교심성 순화평심 안이회지

♣ 燥 마를(조)　濕 축축할(습)　薄 엷을(박)　寬 너그러울(관)

제5절. 이물(물건을 옮김)

하늘이 이 땅의 물건을 저 땅으로 옮겨 놓는다. 하늘이 만물을 구제함에 있어 치우치게 구제함이 없으며, 만물을 내림에 있어도 치우치게 내림이 없다. 동쪽이 풍년들고 서쪽이 흉년들며 남쪽이 장마지고 북쪽이 가무는 것은 치우침이 아니라 순환하는 것이다. 이것은 사람의 기운과 피가 통하고 혹 통하지 못하며 몸이 건강하고 혹 건강하지 못한 것과 같은 것이다.

第五節. 移物

移物者 天 移此地物於彼地也 天 濟物 無
이물자 천 이차지물어피지야 천 제물 무

偏濟 下物 無偏下 東豊西歉 南霖北旱者
편제 하물 무편하 동풍서겸 남림북한자

非偏 乃轉也 如人之氣血 通或不通 身體
비편 내전야 여인지기혈 통혹불통 신체

健或不健.
건혹불건

♣ 移 옮길(이)　歉 흉년들(겸)　霖 장마(림)

제6절. 역종(종자를 바꿈)

하늘은 만물의 씨앗을 바꾸어 나게 하신다. 하늘이 만물을 구제함에 극히 귀하고 극히 성함도 없으며 극히 천하고 극히 쇠함도 없으니, 물건은 귀하고 성하면 반드시 천하고 쇠해지며 천하고 쇠하면 반드시 귀하고 성하게 되는 것이다. 하늘이 이쪽에서 나는 것을 저쪽으로 바꾸고 저쪽에서 나는 것을 이쪽으로 바꾸시니, 사람의 성품도 바꾸어 지혜를 통달하게 하신다.

第六節. 易種

易種者 天易所産物種也 天濟物 無極貴極
역종자 천역소산물종야 천제물 무극귀극

盛 無極賤極衰 凡物 貴盛 必賤衰 賤衰
성 무극천극쇠 범물 귀성 필천쇠 천쇠

必貴盛者 天易此産於彼 易彼産於此換人
필귀성자 천역차산어피 역피산어차환인

性 達人知.
성 달인지

제7절. 척벽(거친 땅을 개척함)

거칠고 구석진 땅을 개척하고 가꾸어야 한다. 하느님께서 사람을 구제할 때는 먼저 만물을 펼쳐놓으시므로 벽지에는 사람이 없고 황무지에는 만물이 없는 것이다. 예부터 신성한 사람으로 개척을 시작하고 어질고 밝은 사람이 돕게 하여, 어리석고 몽매한 사람들도 살아갈 수 있도록 가르쳐 마치게 한다.

第七節. 拓闢

拓闢者 拓闢僻荒也 天 濟人 先開物故 爲
척벽자 척벽벽황야 천 제인 선개물고 위
僻地無人 荒地無物 古以神聖而始 賢智而
벽지무인 황지무물 고이신성이시 현지이
補 愚昧而繼 敎化而終.
보 우매이계 교화이종

♣ 拓 개척할(척)　闢 열(벽)　荒 거칠(황)

제8절. 수산(바다와 육지)

바다의 구제는 육지로 하고 육지의 구제는 바다로 한다. 교화는 육지에서 시작하여 바다에 그 덕이 미치게 하며 도리를 베푸는 것도 육지로부터 시작해서 바다에 이르게 된다. 교화가 서면 구제한 공적이 밝게 드러나고 도덕이 이루어지면 구제한 공적이 드날리게 된다.

第八節. 水山

水山者 海陸也 天 濟海以陸 濟陸以海 敎
수 산 자 해 륙 야 천 제 해 이 륙 제 륙 이 해 교

自陸而化于海 道自陸而德于海 敎化 立
자 륙 이 화 우 해 도 자 륙 이 덕 우 해 교 화 입

則濟功 明 道德 成則濟功揚.
즉 제 공 명 도 덕 성 즉 제 공 양

♣ 揚 오를, 드날리다(양)

제3장. 서(순서)

만물을 구제하는 길에는 차례와 순서가 있다. 형세를 살펴서 베풀고 마땅한가를 헤아려 결정하여 다시 계산하는 일이 없어야 하니 어금니가 있고 뺨이 있는 것과 같다.

第三章. 序

序 濟物之道非無次序也 審勢而施 量宜
서 제물지도비무차서야 심세이시 량의
而決 無再算 如有牙有頰.
이결 무재산 여유아유협

♣ 序 차례(서)　審 살필(심)　牙 어금니(아)　頰 뺨(협)

제1절. 선원(먼 데를 먼저 구제함)

먼 곳에 있는 사람을 먼저 구제해야 한다. 밝은 사람은 만물을 교화하고 구제함에 멀리 있는 마을부터 먼저 하니, 어리석은 사람들이 스스로 변하여 재주 있고 밝게 되며 완고한 이들도 스스로 깨달아 예의를 차리게 된다.

第一節. 先遠

先遠者 先于遠人也 哲人 濟物敎化 先于
선원자 선우원인야 철인 제물교화 선우

遐陬 愚胎自變爲明哲 頑骨 自覺 有禮節.
하추 우태자변위명철 완골 자각 유예절

♣ 遐 멀(하)   陬 모퉁이, 구석(추)

제2절. 수빈(위태로운 사람부터 먼저 구함)

위태로움에 처해 있는 사람부터 먼저 구제해야 한다. 구제에는 먼저 할 것과 나중 할 것이 있으니 거꾸로 매달려 있는 것이 비록 급하기는 하지만 물에 빠진 사람이 더 급하고, 물에 빠진 것이 비록 급하다 하나 불에 타는 사람이 더 급하다.

第二節. 首濱

首濱者 首先濟濱危之人也 濟有先後 倒懸
수빈자 수선제빈위지인야 제유선후 도현

雖急 溺水有矣 溺水雖急 焚火有矣.
수급 익수유의   익수수급   분화유의

♣ 濱 물가, 임박할(빈)　倒 거꾸로(도)　懸 매달릴(현)
　焚 불에 탈(분)

제3절. 경중(가볍고 무거움)

사람의 곤란과 재액에는 무거운 것도 있고 가벼운 것도 있으나, 반드시 구제하고자 한다면 마땅히 무거운 것도 알고 가벼운 것도 알아야 한다. 무거운 것은 진실로 시간을 다투고 가벼운 것은 진실로 날짜를 다투니, 시간과 날짜에 관계 없는 것이라면 무거움도 가벼움도 없는 것이다.

第三節. 輕重

人之困厄　有重有輕　必欲濟之　宜知重知輕
인지곤액　유중유경　필욕제지　의지중지경

重固時矣　輕固日矣　不時不日　無重無輕.
중고시의　경고일의　불시불일　무중무경

제4절. 중과(많고 적음)

천 사람 중에 팔분의 일이 어려움을 겪고 백 사람 중에 십분의 일이 어려움을 겪고 있으면, 팔분의 일이 십분의 일보다 더 곤란하고 수효도 많지만, 그 둘을 다 구제하려면 많은 사람의 어려움은 덕으로 구제하고, 적은 사람의 어려움은 은혜로 구제해야 한다.

第四節. 衆寡

千人 八分其困 百人 十分其困 其困而衆
천인 팔분기곤 백인 십분기곤 기곤이중
困 勝寡困 十分 多八分 其雙成者 濟衆以
곤 승과곤 십분 다팔분 기쌍성자 제중이
德 濟寡以惠.
덕 제과이혜

♣ 寡 적을(과)

제5절. 합동(모두 같이 함)

온 세상 다 함께해야 한다. 온 세상이 큰 뜻만을 숭상하면 만물의 이치가 없게 되고 온 세상이 만물의 이치 만을 숭상하면 큰 뜻이 없게 되니, 이러한 까닭에 밝은 사람은 사람을 구제함에 때를 짐작하여서 덕의 뜻과 만물의 이치를 알맞게 한다.

第五節. 合同

合同者 擧世也 擧世尚德意 無物理 擧世
합동자　거세야　거세상덕의　　무물리　거세

尚物理 無德意 是以 哲人 濟人 相德物
상물리　무덕의　시이　철인　제인　상덕물

斟時.
짐 시

♣ 斟 짐작할(짐)

제6절. 노약(노인과 약자)

노인은 은혜를 베풀어 구제하고 약한 자는 방법을 찾아 구제해야 한다. 은혜는 가히 바꾸지 못하며 구제의 방법은 가히 무궁한 것이다. 정녕 은혜로 하지 않고 방도로 하지 않는다 하더라도 노인에 대해서는 은혜로 구제하는 마음을 바꾸지 못하며, 유약한 사람을 구제함에는 다양한 방법이 없지 않은 것이다.

第六節. 老弱

濟老以恩 濟弱以方 恩不可易 方可無窮
제로이은 제약이방 은불가역 방가무궁
寧爲不恩不方 不可無不易無窮.
영위불은불방 불가무불역무궁

제7절. 장건(지나친 욕심과 행동)

씩씩하고 억센 것이 지나치면 저절로 낭패를 당하게 되고 벼랑에 서는 꼴이 되며, 또한 힘들여서 샘물을 두레박으로 퍼서 마시려 하나 두레박 줄을 건지는 정도의 은혜도 베풂이 없으니 가히 경계하여 돌이켜야 한다. 만일 경계하지 않으면 은혜가 아닌 길로 돌아가게 된다.

第七節. 壯健

壯健者 遭天敗 立絶地 雖欲筋力井匏 無
장건자 조천패 입절지 수욕근력정포 무

繩濟之單恩 可警其復 不警復非恩.
승제지단은 가경기복 불경복비은

♣ 筋 힘(근)   匏 바가지, 두레박(포)   繩 줄, 새끼줄(승)
　警 경계할(경)

제4장. 지(지혜)

지혜는 아는 것의 스승이며 재주의 스승이고 덕의 벗이다. 지혜에 능하면 만사에 통달하고 재주가 능하면 세밀하게 판단하며 덕에 능하면 사람들을 감화시키니, 오직 밝은 사람의 지혜로서 사람을 구제한다.

第四章. 智

智者 知之師也 才之師也 德之友也 知能
지자 지지사야 재지사야 덕지우야 지능
通達 才能剖判 德能感化 惟哲人之智 用
통달 재능부판 덕능감화 유철인지지 용
濟人.
제 인

♣ 剖 쪼갤, 낱낱이(부) 判 판가름할(판)

제1절. 설비(갖추고 베풂)

하늘의 이치를 밝히고 도리를 따르고 닦는 것은 사람의 욕심을 억제하는 법을 미리 설명하는 것이니, 계명을 정리하여 마음에 새겨둠은 사람이 자기 몸을 닦기 위하여 준비하는 것이다. 하늘을 대신하여 바른 도리를 갖추고 베푼다는 것은 만세를 이어 만물을 구제하는데 귀감이 된다.

第一節. 設備

明天理 述天道者 制人慾之預設也 編戒命
명천리 술천도자 제인욕지예설야 편계명

纂心銘者 修人身之準備也 代天設備 爲萬
찬심명자 수인신지준비야 대천설비 위만

世濟物之鑑.
세제물지감

♣ 設 베풀(설)   備 갖출(비)   述 지을, 서술(술)   預 미리(예)
　編 엮을(편)   纂 모을(찬)   鑑 거울(감)

제2절. 금벽(나쁜 버릇을 금함)

사람의 고약한 성질과 나쁜 버릇은 금해야 한다. 교만과 횡포와 잔인과 흉악은 사람의 고약한 고질이며, 아첨하고 참소하며 간사하고 속이는 것은 사람의 나쁜 버릇이다. 규범을 정하여 엄중히 경계하고 해서는 안 될 범위를 정하여 선을 긋는 것이, 사람의 고약한 성질과 나쁜 버릇을 고치는 좋은 약이 되고 본이 된다.

第二節. 禁癖

禁癖者 禁人之痼癖也 驕橫殘虐 人久痼也
금벽자 금인지고벽야 교횡잔학 인구고야

諛讒譎誑 人之癖也 定規箴 劃防閑 是爲
유참휼황 인지벽야 정규잠 획방한 시위

藥石.
약 석

♣ 禁 금할(금)   癖 버릇, 습관(벽)   驕 교만할(교)   橫 방자할(횡)
　 虐 사나울(학)   諛 아첨할(유)   譎 속일(휼)   誑 망령된말(황)
　 箴 바늘, 침(잠)   劃 그을(획)

제3절. 요검(검소함을 소중히 여김)

검소한 생활에 힘써야 한다. 어그러진 행실은 사치하는 데서 생기고 음란함도 사치하는 데서 생기는 것이니 검소하기에 힘쓰면 어그러진 행실을 하거나 음란하게 되지는 않는다. 검소하면 욕심이 사라지므로 검소함은 죽을 때까지 실천해야 함을 깨달아야 한다.

第三節. 要儉

要儉者 爲務儉也 行乖生於奢 淫亂 生於
요 검 자 위 무 검 야 행 괴 생 어 사 음 란 생 어

奢 未有務儉而爲行乖淫亂者也 儉則無求
사 미 유 무 검 이 위 행 괴 음 란 자 야 검 즉 무 구

儉爲終身之先覺.
검 위 종 신 지 선 각

♣ 要 구할(요)   儉 검소할(검)   乖 어그러질(괴)   奢 사치할(사)

제4절. 정식(음식을 가림)

좋은 음식만을 탐해서는 안 된다. 호랑이가 고기를 먹으려다 함정에 빠지고 물고기가 미끼를 먹으려다 낚시에 걸리는 것은 좋은 음식을 탐하는 입 때문이다. 음식을 탐하는 입 때문에 목숨을 잃게 되면 영혼이 의지할 데가 없게 되니, 이것을 미리 구제하는 것은 음식을 가리는 것이다.

第四節. 精食

精食者 不求重食也 虎陷肉穽 魚縣餌綸
정식자 불구중식야 호함육정 어현이륜
者 貪口也 身失於口 靈無所寄 其濟之者
자 탐구야 신실어구 령무소기 기제지자
精食乎.
정식호

♣ 陷 빠질(함)　穽 함정(정)　縣 매달릴(현)　餌 먹이(이)
　寄 의지할(기)

제5절. 윤자(재물을 윤택하게 함)

윤자는 재물을 늘리는 것이다. 사람이 재화가 있으면 구차스럽게 원하는 것이 없으므로 늘 자비로운 마음을 지니게 된다. 재물은 부지런한 데서 생기고 게으르면 잃게 되며, 의로우면 지켜지고 어질게 하면 윤택해진다.

第五節. 潤資

潤資者 潤其資有也 人有資有則無苟願
윤자자 윤기자유야 인유자유즉무구원

長慈心 資有 成之於勤 失之於怠 義則守
장자심 자유 성지어근 실지어태 의즉수

仁則潤.
인즉윤

♣ 苟 구차히(구) 怠 게으를(태)

제6절. 개속(속된 것을 고침)

개는 버리는 것이고 속은 사리에 어두운 것이다. 스스로 구제하면 완전하고 남이 구제하면 산만하며, 스스로 구제하면 제때에 하고 남이 구제하면 더디게 된다. 완전함과 제때는 나에게 있고 산만함과 더딤은 남에게 있으니, 그러므로 남이 구제하여 줄 것을 기다리는 것은 사리에 어두운 것이고, 스스로 구제하려고 하는 것이 법도에 맞는 것이다. 사리에 어두움을 버리고 밝음을 취하면 구제하는 지혜가 이루어진다.

第六節. 改俗

改去也 俗野也 自濟完 人濟散 自濟時
개 거야 속 야야 자제완 인제산 자제시
人濟遲 完與時在我 散與遲 在人 是以 待
인제지 완여시재아 산여지 재인 시이 대
人濟者 野也 欲自濟者 文也 去野而就文
인제자 야야 욕자제자 문야 거야이취문
濟之智成.
제 지 지 성

♣ 俗 속되다, 비속하다(속)   遲 더딜(지)   文 법도(문)

제7절. 입본(근본 뜻을 세움)

뜻의 근본을 세워야 한다. 지혜의 근본은 뜻이다. 뜻을 가지고 지혜로우면 구제되고 뜻을 잃고 지혜로우면 구제되지 못하니, 스스로를 구제할 수 있는 지혜가 없으면 남을 구제하는 지혜도 부족한 것이다.

第七節. 立本

立本者 立志本也 智之本 志也 帶志而智
입본자 입지본야 지지본 지야 대지이지

則濟 失志而智則不濟 無自濟之智 欠濟
즉제 실지이지즉부제 무자제지지 흠제

人之智.
인지지

♣ 欠 하품, 부족하다(흠)

제8절. 수식(불려서 거둠)

수는 바라는 것을 거둔다는 것이고, 식은 재물을 활용하여 자산을 늘리는 것이다. 구제를 덕으로만 하는 것은 사람들이 바라는 바가 아니어서 덕을 베풀되 재물을 활용하지 않으면 목적을 달성하기 어렵다. 사람을 구제할 때는 지혜를 다하여 사람들이 바라는 것을 소중하게 여기고 재물을 아낌없이 활용해야 하는 것이다.

第八節. 收殖

收 收人望也 殖 殖財用也 濟之以德 非人
수 수인망야 식 식재용야 제지이덕 비인

望 不達濟之以惠非財用 不信 欲遂濟人
망 부달제지이혜비재용 불신 욕수제인

之智者 貴人望而賤財用.
지지자 귀인망이천재용

♣ 殖 불릴(식)   遂 이룰, 다하다(수)

제9절. 조기(사람 됨됨이를 만듦)

그릇을 만들 듯 하늘이 사람을 만들었는데, 모든 사람을 하나의 모습으로 모든 성품을 하나의 품격으로 만들었다. 다만 만드는 데 있어서 여덟 가지가 다르고 아홉 가지가 특수한 것은, 구제하는 바탕이 서로 같지 않아 반드시 굽고 녹이고 갈고 단련하는 데서 이루어지는 까닭이다.

第九節. 造器

造器者 天 爲造人器也 造萬人一像 造萬
조기자 천 위조인기야 조만인일상 조만

性一品 但造八異[30] 而九殊[31] 者 濟質 互相
성일품 단조팔이 이구수 자 제질 호상

不同 必陶鎔磨鍊而成.
부동 필도용마련이성

♣ 造 지을(조)   器 그릇(기)   陶 구을, 질그릇(도)
  鎔 녹일, 주물의 모형(용)   磨 문지를(마)   異 다를(이)
  殊 달리할, 죽일(수)

---

30) 팔이(八異) : 머리(首), 눈(目), 귀(耳), 입(口), 손(手), 배(服), 넓적다리(股), 발(足)

31) 구수(九殊) : 구규(九竅)- 두 눈, 두 귀, 두 콧구멍, 입, 음부(陰部), 항문(肛門)

제10절. 예제(미리 약을 먹음)

병들기 전에 약을 달여먹어야 한다. 진흙 구덩이에 빠진 뒤에 붙잡아 건져 주며, 술 취하여 쓰러진 뒤에 물을 주고 먹게 하는 것은 잘못된 것을 본 후에 구하는 것이니, 그 지혜는 미물만도 못한 것이다. 개미와 땅강아지조차 땅 기운이 장차 습해질 것을 알고는 미리 구멍을 막아 둔다.

第十節. 預劑

預劑者 病前煎藥也 埴壑而後扶 醉倒而
예제자 병전전약야 치학이후부 취도이

後灌 是 見物而濟之智不如微物乎 地氣
후관 시 견물이제지지불여미물호 지기

將濕 蟻螻封穴.
장습 의루봉혈

♣ 預 미리(예)   劑 약지을(제)   埴 찰흙(치)   壑 골(학)
　扶 도울(부)   蟻 개미(의)   螻 땅강아지(루)   封 봉할(봉)

화(禍)

화(재앙)는 악으로부터 비롯된 것으로 여섯 가지 조목과 마흔두 가지 항목이 있다.

禍者 惡之所召 有六條四十二目.
화 자 악 지 소 소 유 육 조 사 십 이 목

♣ 禍 재난(화) 召 부를(소)

여섯 가지 조목은,
제1장. 기(欺) : 속임으로써 오는 것이며,
제2장. 탈(奪) : 빼앗음으로써 오고,
제3장. 음(淫) : 음탕함에서 오는 것이며,
제4장. 상(傷) : 상처를 입힘으로써 오는 것이고,
제5장. 음(陰) : 몰래 꾀를 씀으로써 오며,
제6장. 역(逆) : 거역하는 데서 오는 것이다.

위 여섯 가지 조목의 작용이 일어날 때 재앙을 받게 된다.

제1장. 기(속임)

사람의 허물과 죄는 속이는 데서 말미암지 않는 것이 없다. 속이는 것은 성품을 불태우는 화로이며 몸을 찍는 도끼이니 속이는 행위를 잘못으로 깨달아야 다시는 반복하지 않는다. 그러므로 속이는 행위를 깨우쳤다 하더라도 원래의 상태로 씻을 수 없는 것이다.

第一章. 欺

人之過戾無不由欺 欺者 燒性之爐 伐身之
인 지 과 려 무 불 유 기 기 자 소 성 지 로 벌 신 지
斧也 自行欺 覺則不再 故 行欺 雖警 無
부 야 자 행 기 각 즉 부 재 고 행 기 수 경 무
滌.
척

♣ 欺 속일(기)   戾 허물(려)   爐 화로(로)   斧 도끼(부)
　 滌 씻을(척)

제1절. 닉심(마음을 감춤)

마음에 마음을 감추고 마음에 마음을 속이면 마음은 이미 없는 것이다. 마음을 멈추거나 속이면 몸은 흙과 나무요 움직이면 고깃덩어리 시신과 같으니, 흙과 나무로 어찌 일을 의논하며 고깃덩어리인 시신으로 어찌 사람을 따르게 할 수 있을 것인가?

第一節. 匿心

匿 藏也 藏心於心 欺心於心 心已空矣 止
닉 장야 장심어심 기심어심 심기공의 지
則土木 行則肉尸 土木而能論事 肉尸而能
즉토목 행즉육시 토목이능론사 육시이능
追人乎.
추인호

♣ 匿 숨길(닉)　追 쫓을(추)

제2절. 만천(하느님을 업신여김)

하늘에 방종하는 것은 하늘이 늘 살피고 있는 줄 알지 못하는 것이다. 착한 행실로 성공하는 것도 하늘의 힘이고 악한 행실로 실패하는 것도 하늘의 힘이며 음흉한 일을 하다가 중도에 그치는 것도 하늘의 힘이다. 어리석은 사람이라도 행실이 착하면 하늘의 힘으로 성취하게 하고 밝은 사람이라도 행실이 악하면 패하게 하며, 재주 있는 사람의 행실이 음흉하면 하늘이 시험하며 그 재주(힘)를 거두어 간다.

第二節. 慢天

慢天者 不知有天之鑑也 行善而成 亦天力
만천자 부지유천지감야 행선이성 역천력
也 行惡而敗 亦天力也 行險而中 亦天力
야 행악이패 역천력야 행험이중 역천력
也 濛者行善 天力成之 智者行惡 天亦敗
야 몽자행선 천력성지 지자행악 천역패
之 巧者行險 天縱試而力收之.
지 교자행험 천종시이력수지

♣ 慢 게으를(만)   濛 흐릿할(몽)   巧 재주(교)

제3절. 신독(홀로 믿음)

스스로를 속이면 남들이 모를 거라고 생각하지만, 영이 이미 마음에 알리고 마음은 벌써 하늘에 알려서 하늘이 신명에게 명령하니 신명은 이미 굽어살핀다. 이것은 마치 해와 달이 위에서 훤히 밝게 비치는 것과 같다.

第三節. 信獨

信獨者 謂無人知覺也 獨自做欺 雖謂無知
신 독 자　위 무 인 지 각 야　독 자 주 기　수 위 무 지

者 靈已告心 心已告天 天已命神 神已照
자　영 이 고 심　심 이 고 천　천 이 명 신　신 이 조

臨 日月 燭其上.
림　일 월　촉 기 상

제4절. 멸친(친족을 멸시함)

골육을 속여서는 안 된다. 골육으로서 골육을 속이고 다투는 것은 이해타산일 수도 있고 의로움일 수도 있지만, 꾀하는 마음이 서로 맞지 않아 윗사람이 금하면 아랫사람은 그치며 아랫사람은 윗사람에게 간절히 간해야 한다. 골육을 속여 사사로움을 취한다면 그 집안은 반드시 어지러워지게 된다.

第四節. 蔑親

蔑親者　欺骨肉之親也　以骨肉　欺骨肉者
멸친자　기골육지친야　이골육　기골육자
其爭利歟　鬪義歟若謀心不合　上禁止下　下
기쟁리여　투의여약모심불합　상금지하　하
諫諍上而已　欺骨肉而成私者　其家必亂.
간쟁상이이　기골육이성사자　기가필란

♣ 蔑 업신여길(멸)　爭 다툴(쟁)　鬪 싸울(투)　歟 어조사(여)

제5절. 구운(죽음으로 몰아넣음)

남을 어렵고 막힌 곳으로 몰아붙이지 말아야 한다. 강한 자는 약한 자를 능멸하고 꾀가 있는 자는 어리석은 자를 우롱하며, 혹 꾀가 있는 자가 어리석은 자에게 구하는 바를 이루지 못하거나 말하는 바를 따르지 않으면 몰래 그물이나 함정에 몰아넣어 몸에 상처를 입힌다. 하늘은 다시는 약하고 어리석은 자들에게 그러한 일이 일어나지 않도록 강한 자나 꾀가 있는 자가 크게 속이지 못하도록 하며 뇌성으로 다스리신다.

第五節. 驅殞

驅殞者 驅人於絶地也 强者 凌弱 謀者 弄
구운자 구인어절지야 강자 능약 모자 롱

痴 或所求不至所言不從 暗驅網穽 羽肉
치 혹소구부지소언부종 암구망정 우육

狼藉 天不復弱痴者 聲其大欺也.
랑자 천불부약치자 성기대기 야

♣ 驅 몰(구) 殞 죽을(운) 凌 능멸할(능) 弄 희롱할(롱)
  痴 어리석을(치) 狼 어지러울(랑) 藉 흐트러질(자)

제6절. 척경(차서 쓰러뜨림)

척경은 사람을 차서 쓰러지게 하는 것이다. 억센 사람들이 아랫사람을 잔인하게 때리고 쓰러뜨리기로 꾀를 같이 하는 것은 아부하는 것이다. 동쪽 사람이 서쪽 사람을 차면 동쪽 사람은 도리어 이를 의심하고 서쪽 사람은 아픈 고통을 가슴에 새길 것이니, 하늘은 마침내 동쪽 사람끼리 서로 때려서 함께 쓰러지게 할 것이다.

第六節. 踢傾

踢傾者 踢傾人也 和健 同謀 踢下 傾殘
척경자 척경인야 화건 동모 척하 경잔
所欲者 阿附也爲東人而踢西人 東人 反
소욕자 아부야위동인이척서인 동인 반
疑之 西人 刻痛之 崎哉 欺也 竟使東人
의지 서인 각통지 기재 기야 경사동인
踢相傾者.
척상경자

♣ 踢 찰(척) 傾 기울(경) 痛 아플(통)

제7절. 가장(글로 거짓을 꾸밈)

거짓 문장을 꾸며서 속이지 말아야 한다. 붓을 잡는 사람은 글로써 희롱하니 글씨를 바꾸어 착하고 어진 사람을 모함하고, 모질고 흉악하게 종용하여 착함과 악함을 거꾸로 하고 길함과 흉함의 자리를 바꾸기도 한다. 한 사람을 속이면 한세상을 속이는 것이니 하늘은 결코 용납하지 않을 것이다. 속이는 데는 곧바로 하늘의 재앙이 따른다.

第七節. 假章

假章者 假託文章而欺也 秉筆者 弄文換墨
가 장 자 가 탁 문 장 이 기 야 병 필 자 롱 문 환 묵
捏陷賢良 慫慂凶寧 善 惡 顚倒 吉凶 易
날 함 현 량 종 용 흉 녕 선 악 전 도 길 흉 역
地 欺一人 欺一世 天必不容 況于斯哉.
지 기 일 인 기 일 세 천 필 불 용 황 우 사 재

♣ 筆 붓(필)   捏 꾀할(날)   慂 권할(용)

제8절. 무종(끝맺음이 없음)

무종은 시작만 생각하고 끝맺음이 없이 속이는 것이다. 사람이 일을 처리함에 있어 시작은 잘하나 끝맺음을 못하는 사람이 있는가 하면, 잘 시작하여 잘 마치는 사람도 있고 어쩔 수 없이 절반에서 멈추는 사람도 있으니 이는 모두 행한 뒤에 알게 된다. 오직 무종은 일을 시작하며 유혹하여 먼 이치를 가까운 이치라 하고, 좋지 못하게 짓는 것을 좋게 짓는다고 속이는데, 그 사사로운 욕심이 극에 달하면 반드시 뒤집어진다.

第八節. 無終

無終者 始懷無終而欺也 人於處事 有克始
무종자 시회무종이기야 인어처사 유극시

無終者 有善始善終者 有無奈半停者 皆
무종자 유선시선종자 유무내반정자 개

行後知之 惟此無終始誘也 遠理謂之近理
행후지지 유차무종시유야 원리위지근리

歹做 謂之好做 極其私慾則必反之.
대주 위지호주 극기사욕즉필반지

♣ 停 머무를(정)   誘 유인할(유)   歹: 나쁠(대)

제9절. 호은(은혜를 믿고 의지함)

호은은 은혜에 의지하는 것이다. 남이 나에게 은혜를 베풀면 마땅히 은혜 갚을 생각을 해야 한다. 나에게 은혜 베푼 깊은 마음을 가볍게 여기고 도리어 은혜가 줄었다 하여 은혜 베푼 이에게 등을 돌리고 방해까지 한다면 그것은 옳은 일이겠는가?

第九節. 怙恩

怙 倚也 人 恩己 宜思報恩 恩己之深 反
호 의야 인 은기 의사보은 은기지심 반

輕之 恩人恩衰 又負之 又妨之 其可乎.
경지 은인은쇠 우부지 우방지 기가호

♣ 怙 의지할(호) 負 저버릴(부) 妨 방해할(방)

제10절. 시총(사랑과 은혜를 믿음)

어린 사람이 총애를 받으면 나뭇잎이 푸르게 빼어남과 같으니 감히 방자한 생각을 품지는 않을 것이지만, 오로지 속여서 해롭게 하려는 속마음에 좀벌레가 생기면 받은 총애가 식어져서 저절로 물러나게 된다.

第十節. 恃寵

恃 賴也 蒙人存寵 殘葉 靑秀 敢懷恣肆
시 뢰야 몽인존총 잔엽 청수 감회자사

專用瞞害 蠹於中心存寵者 冷 自去之.
전용만해 두어중심존총자 랭 자거지

♣ 恃 믿을(시)　寵 총애할(총)　賴 힘입을(뢰)　瞞 속일(만)
蠹 좀(두)

제2장. 탈(빼앗음)

물질에 대한 욕심이 심령을 가리면 아홉 구멍이 막히게 된다. 몸에 있는 아홉 구멍이 모두 막히면 금수와 같아져서 오직 음식을 빼앗으려는 욕심만 있을 뿐 염치와 두려움이 없게 된다.

第二章. 奪

物慾 蔽靈 竅塞 九竅[32] 盡塞 與禽獸相似
물욕 폐령 규색 구규   진색 여금수상사

只有食奪之慾而已 未有廉恥及畏怯.
지유식탈지욕이이 미유렴치급외겁

♣ 奪 빼앗을(탈)　蔽 덮을(폐)　竅 구멍(규)　塞 막을(색)
　禽 짐승(금)

---

32) 구규(九竅) : 두 눈, 두 귀, 두 콧구멍, 입, 음부(陰部), 항문(肛門)

제1절. 멸산(산업을 망하게 함)

멸산은 사람의 산업을 망하게 하는 것이다. 남의 산업을 망하게 하여서는 안 된다. 남의 산업을 망하게 하여 자기의 소유로 만들면 과연 편안하게 오래 갈 수 있을 것인가. 하늘이 그 넋을 빼앗아 지난 일을 원망하며 살게 할 것이다.

第一節. 滅産

滅産者 滅人之産業 爲己所有 能安乎 能
멸산자 멸인지산업 위기소유 능안호 능

長久乎 天奪其魄與之懟頭.
장구호 천탈기백여지대두

♣ 懟 원망할(대)

제2절. 역사(제사를 바꿈)

역사는 남의 집 제사를 바꾸어 지내게 하는 것이다. 남의 재물을 꾀하여 빼앗으며 남의 맏아들을 바꾸어 몰래 그 제사를 바꿔 지내면 세상의 윤리가 전락되니, 사람의 도리가 저절로 어둡고 어두워지게 된다.

第二節. 易祀

易祀者 換人家祀也 謀奪人財 換人宗子
역사자 환인가사야 모탈인재 환인종자

陰易其祀 倫理轉矣自有冥冥.
음역기사 윤리전의자유명명

♣ 冥 어두울(명)

제3절. 노금(돈을 빼앗음)

노금은 남의 돈을 빼앗는 것이다. 농사는 한 해 농사를 수확하여 얻은 돈이 있고 학문은 한 달 봉급 받은 돈이 있으며, 장사는 저녁에 하루 판매한 돈이 있고 공업은 하루 수입된 돈이 있으며 노동은 때때로 받은 돈이 있으니 무슨 일로 노략질해서 돈을 취하겠는가! 노략질하는 힘은 농사보다 힘들고 학문보다 수고로우며 장사보다 드세고 공업보다 사나우며 노동보다 고된 것이다. 힘들고 수고롭고 드세고 사납고 고되어도 돈을 벌지 못하는데 정당한 수고도 없이 남의 돈을 빼앗으려 해서는 안 된다.

第三節. 擄金

擄金者　劫人之金也　農有歲金　學有晦金
노금자　겁인지금야　농유세금　학유회금
商有暮金　工有朝金　役有時金　何事　擄而後
상유모금　공유조금　역유시금　하사　로이후
取金　擄之力　重於農　勞於學　强於商　猛於工
취금　로지력　중어농　로어학　강어상　맹어공
苦於役　重勞强猛苦　且不得金　無身而有.
고어역　중로강맹고　차부득금　무신이유

♣ 擄 노략질할(노)　晦 그믐(회)　暮 저물(모)

제4절. 모권(권리를 빼앗음)

모권은 남의 권리를 꾀하여 빼앗음이다. 남이 갖고 있는 권리를 함부로 빼앗으려 꾀한다면 이는 돌 위에 심은 싹이 뿌리를 내릴 수 없는 것과 같아서, 비록 빼앗는다 해도 마치 좁은 산골짜기에서 배에다 멍에를 씌우고 마차처럼 몰려는 것과 같은 것이다.

第四節. 謀權

謀權者 謀奪人之權也 人之應權 苟欲謀奪
모권자 모탈인지권야 인지응권 구욕모탈

石上種苗 不可托根 雖成 峽人駕舟 島人
석상종묘 불가탁근 수성 협인가주 도인

御馬.
어 마

♣ 苟 탐낼(구)　苗 모, 싹(묘)　峽 골짜기(협)　駕 멍에(가)
　御 어거할(어)

제5절. 투권(남의 글을 도용함)

투권은 남의 글을 몰래 모방하여 쓰는 것이다. 마치 자기의 것처럼 거짓으로 단장하여 바탕을 꾸몄다면 이는 실상을 도적질한 것으로, 마치 소를 그린 그림에 용의 무늬를 놓은 것과 같고 개가 호랑이 가죽을 뒤집어쓴 격이니 백 걸음 안에 소는 엎어지고 개는 뒤집어진다.

第五節. 偸卷

偸卷者 倣人之卷也 欲偸實 有粧之假質
투권자 방인지권야 욕투실 유장지가질
牛畵龍文 犬冒虎皮 百步之內 牛顚犬仰.
우화용문 견모호피 백보지내 우전견앙

♣ 偸 훔칠(투) 卷 문서(권) 倣 본뜰(방) 粧 단장할(장)
　 冒 씌울(모)

제6절. 취인(남의 이름을 도용함)

취인은 남의 이름을 몰래 사용하는 것이다. 남의 공을 자기의 공으로 삼으며 남의 은혜를 자기의 은혜로 삼는 것은 본받을 것도 못 되고 아름답지도 않으니, 이는 남의 명예와 이익을 훔친 것이기 때문이다. 그 공이 헛되고 이로움이 없어지며 그 은혜가 헛되고 명예도 사라지게 될 것이다.

第六節. 取人

取人者 窃人之名也 人功 爲己之功 人惠
취인자 절인지명야 인공 위기지공 인혜

爲己之惠者 非師之 又非娟之 乃偸利窃
위기지혜자 비사지 우비연지 내투리절

譽也 虛功沒利 虛惠無譽.
예야 허공몰리 허혜무예

♣ 窃 훔칠(절) 譽 기릴, 명성(예)

제3장. 음(음탕함)

음탕함이란 몸을 망치게 하는 비롯이며 윤리를 흐리게 하는 근원이고 집안을 어지럽히는 근본이다. 돼지는 성품이 음탕하고 개는 색정이 음탕하며 양은 기운이 음탕하니, 그러므로 음탕한 사람을 삼축(三畜, 세 동물)이라고 한다.

第三章. 淫

淫 敗身之始 混倫之源 亂家之本也 猪也
음 패신지시   혼륜지원   란가지본야   저야

性淫 狗也 色淫 羊也 氣 淫故 淫人 謂之
성음 구야 색음 양야 기 음고 음인 위지

三畜.
삼축

♣ 淫 음란할(음)　猪 돼지(저)　狗 개(구)

제1절. 황사(거칠고 사특함)

몸을 돌보지 않고 음탕함을 좋아하거나 음탕함에 빠져 목숨을 잊어 버려서는 안 된다. 음탕함을 좋아하여 몸을 잊으면 인간의 윤리 도덕이 없어지고 목숨을 돌보지 않고 음탕함을 즐기면 환란이 뒤따라오게 된다.

第一節. 荒邪

荒 樂淫而忘身也 邪 見淫而忘命也 樂淫
황 요음이망신야   사 견음이망명야 요음

而忘身 道理顚覆見淫而忘命 患難 接踵.
이망신 도리전복견음이망명   환난 접종

♣ 荒 거칠(황)   邪 간사할(사)

제2절. 장주(주인을 해침)

장주는 아내가 음탕하여 남편을 해롭게 하는 것이다. 음탕함에는 지식 있는 사람이나 어리석은 사람이 없으나, 지식 있는 여자가 남편을 해칠 땐 귀신같이 모사를 하고 무지한 여자가 남편을 해칠 땐 둔하고 무덤이 해와 달 같이 완고하다. 바람이 불면 풀이 움직이듯 그 소리와 형색으로 스스로 음녀임을 나타낸다.

第二節. 戕主

戕主者 淫其婦而害其夫也 淫無智愚 智戕
장주자 음기부이해기부야 음무지우 지장

也 鬼神 質其謀愚戕也 日月 質其頑 風吹
야 귀신 질기모우장야 일월 질기완 풍취

草動 聲色 自顯.
초동 성색 자현

♣戕 죽일(장)　吹 바람불(취)　頑 무딜(완)　日, 月 밝다, 드러나다

제3절. 장자(자식을 숨김)

장자는 음탕하게 밴 아기를 숨기는 것이다. 음탕하게 잉태한 아기를 숨겨서 자기의 성씨인 것을 피하려 하나 피하기 어렵고, 사랑을 끊으려 해도 끊지 못하고 오히려 남의 도움을 바라게 되니 어찌 다행함을 기대할 것인가. 음탕함에는 반드시 씨가 있는 것이다.

第三節. 藏子

藏子者 匿淫胎夜 淫産藏夜 名雖避難避
장자자　 닉음태야　 음산장야　 명수피난피

愛雖絶不絶 猶望他救 豈期幸也 淫必有種.
애수절부절　유망타구　개기행야　음필유종

♣ 藏 감출(장)　避 피할(피)　豈 즐길, 어찌(개)

제4절. 유태(태아를 지워버림)

유태는 음탕하게 밴 아기를 약으로 지워버리는 것이다. 하늘은 잘못된 종자를 떨구시더라도 땅은 반드시 이를 받아 싹트게 하고, 비와 이슬은 이를 자라게 하여 누린내 나는 풀이 향기 나는 풀과 함께 있는 것과 같으니, 만약 하늘의 이치를 어기고 잉태하였을지라도 이 이치는 돌아갈 데가 있으니 잉태를 지워서는 안 된다.

第四節. 流胎

流胎者 藥於淫孕也 天落惡種 地必受生
유태자 약어음잉야 천락악종 지필수생

雨露長之 猶以薰傍 若違天理 理有所歸.
우로장지 유이훈방 약위천리 이유소귀

♣ 孕 아이밸(잉)   猶 누린내풀(유)   薰 향풀(훈)   傍 옆, 곁(방)

제5절. 강륵(강제로 겁탈함)

강륵은 남의 아내와 첩에게 간음하고자 음탕한 욕심으로 억지를 부리는 것이다. 순순히 어울리는 것은 음란의 간사함이며 강하게 억지로 하는 것은 음탕의 도둑이니, 순순히 어울림도 하늘이 용서하지 않을 것인데 하물며 강제로 하는 것을 용서하겠는가. 이는 마치 등불에 날아든 나방이 불꽃에 제 몸이 타버리는 것과 같은 것이다.

第五節. 强勒

欲淫人之妻妾 强之勒之也 和濃 淫之奸
욕 음 인 지 처 첩   강 지 륵 지 야   화 농   음 지 간
也 强勒淫之賊也 和濃 天且不赦 强勒 赦
야   강 륵 음 지 적 야   화 농   천 차 불 사   강 륵   사
乎 飛蛾撲燈 有焰燒身.
호   비 아 박 등   유 염 소 신

♣ 勒 굴레, 억지로(륵) 賊 도둑(적) 赦 용서할(사) 蛾 나방(아)
  撲 칠(박) 燈 등잔(등)

제6절. 절종(씨를 끊음)

절종은 남의 과부에게 음탕한 짓을 하여 대 이을 후손을 끊는 것이다. 어린아이가 우물에 가까이하면 사람이 반드시 멀리 옮겨주고 대나무에 싹이 나면 사람이 반드시 밟지 않는 것이다. 이미 그 여자를 좋아하면 절종이 되므로 그 자식도 거두어야 한다. 음탕함을 참아야지 그 어미와 즐긴다면 그 자식을 편히 볼 수 없다. 적막한 어두운 방이라도 하느님이 환히 보고 계신다.

第六節. 絶種

絶種者　淫人寡女而絶其嗣也　稚子近井
절종자　음인과녀이절기사야　치자근정

人必遠徙　筍芽始生人必不踏　旣歡其母
인필원사　순아시생인필부답　기환기모

寧忍其子　寂寞暗室　天眼　如輸.
영인기자　적막암실　천안　여수

♣ 寡 적을, 과부(과)　嗣 이을(사)　徙 옮길(사)　筍 죽순(순)
　踏 밟을(답)　寂 고요할(적)　寞 쓸쓸할(막)　輸 나를(수)
　歡 기뻐할(환)

제4장. 상(상함)

상은 사람을 상하게 하는 것이다. 하늘은 악한 사람이 남을 상하게 하는 것을 노엽게 보시고, 우레(천둥소리)로 경계하며 벼락으로 위엄을 보인다. 악인이 탐욕의 지경에서 벗어나지 못하여 어질지 못한 수단으로 사람을 상하게 하면 그 드러나지 않은 상해와 드러난 상해에 대한 가볍고 무거운 것이 있다.

第四章. 傷

傷 傷人也 天 怒惡人傷人 雷霆警之 霹靂
상 상인야 천 노악인상인 뇌정경지 벽력

威之 惡之不回頭 於利嫌界 行不仁手段
위지 악지부회두 어이혐계 행불인수단

其陽傷陰傷 罰有輕重.
기양상음상 벌유경중

♣霆 천둥소리 (정)

제1절. 흉기(무기)

흉기는 쇠붙이로 만든 기구다. 쇠붙이로써 감히 사람을 상처 낼 것인가. 사람을 상처 나게 하는 자도 사람이며 상처를 입은 자도 역시 사람이다. 사람의 신체는 부모님으로부터 받았으며 부모님이 기른 것이니 사람을 상처 나게 하는 자는 자기 부모가 있다는 것을 모르는 것과 같다.

第一節. 凶器

凶器者 金鐵之屬也 以金鐵 敢傷人乎 傷
흉기자 금철지속야 이금철 감상인호 상

人者 人也 被傷者亦人也 人之身體 受於
인자 인야 피상자역인야 인지신체 수어

父母 育於父母 傷人者獨無父母乎.
부모 육어부모 상인자독무부모호

♣ 鐵 쇠(철)

제2절. 짐독(짐새33)의 독)

짐독은 독 있는 새로부터 나온 독한 약이다. 짐새의 독은 흉한 기구보다 더 독하니 쇠붙이로 상처를 입은 사람은 혹 목숨을 보존할 수 있으나 짐새의 독물을 맞은 사람은 모두 살아남지를 못한다. 부모님에게 효도하려는 자는 몸을 온전히 하여 돌아가는 것을 기뻐하니 효자는 짐새의 독을 받아 죽게 되는 일이 없을 것이다.

第二節. 鴆毒

鴆毒者 鴆藥也 鴆毒 毒於器 金鐵加人 或
짐독자 짐약야 짐독 독어기 금철가인 혹
有可保 鴆水灌人合無餘命 孝於父母者
유가보 짐수관인합무여명 효어부모자
喜其全歸歟 孝子 無受鴆之夭.
희기전귀여 효자 무수짐지요

♣ 鴆 짐새(짐) 夭 젊어죽을(요)

---

33) 짐새 : 중국 남방에 나는 올빼미 비슷한 독조의 이름.
　　짐새의 깃을 담근 술, 그 술로써 사람을 독살하는 일

제3절. 간계(간사한 꾀)

간계는 간사한 꾀로 사람을 해치는 것이다. 간사한 꾀로 사람을 상하게 하지 말아야 한다. 간사한 것은 요사스러운 기능이니 일에 간사하면 근심하지 않는 것이 없으며, 물건에 간사하면 패망하지 않는 것이 없다. 간사함으로써 상처를 입히려는 그 꾀는 눈 위에 붉고 푸른 물들임과 같은 것이니 소멸되고 만다.

第三節. 奸計

奸計者 奸計 傷人也 奸 妖邪之技能也 奸
간계자 간계 상인야 간 요사지기능야 간
於事 未有不患者奸於物 未有不敗者 況
어사 미유불환자간어물 미유불패자 황
以奸傷 其計能丹靑於雪而不消乎.
이간상 기계능단청어설이불소호

제4절. 최잔(썩은 가지를 꺾음)

최잔은 썩은 가지를 꺾는 것이다. 비록 원한과 혐의가 있다 하더라도 차마 잔인하게 못 하는 것은 어짊의 경계이니, 어진 경계를 밟으면 원한과 혐의가 저절로 풀어지고 행복과 이로움에 저절로 이르게 된다. 만약 썩은 가지를 꺾듯이 쉽게 뒤집고 들추어 의심과 원한에 대하여 잔인하게 하더라도, 일 년이 못 가서 봄 뿌리 다시 돋아나듯 의심과 원한은 또 생기게 된다.

第四節. 摧殘

摧殘者 拉朽枝也 雖有嫌怨 不忍於殘者
최잔자 랍후지야 수유혐원 불인어잔자
仁界也 蹈仁界則嫌怨 自解 福利自至 若
인계야 도인계즉혐원   자해 복리자지 약
以 拉朽之易 飜然下抉之 未年 春根復至.
이 랍후지이 번연하결지 미년 춘근부지

♣ 摧 꺾을(최) 拉 꺾을(랍) 朽 썩을(후) 飜 뒤집을(번)
　抉 들추어내다, 도려내다(결)

제5절. 필도(뜻을 새겨둠)

필도는 도모하려는 뜻을 새겨두는 것이다. 정성에는 반드시 수칙이 있고 믿음에는 반드시 실천이 있으며, 사랑에는 반드시 용서가 있고, 구제에는 반드시 지혜가 있는 것이니 이는 사람의 타고난 성품이다. 이에 반하여 미미한 의심에도 반드시 사람을 상하게 하려는 마음을 새겨두고 음흉하게 꾀를 내지만, 상해하지도 못하고 잊어버리지도 못하게 되면 타고난 성품이 멸하게 마련이다. 문을 열고 내다보면 검은 구름이 하늘에 가득함과 같다.

第五節. 必圖

必圖者 刻意圖之也 於誠 有必守 於信 有
필도자 각의도지야 어성 유필수 어신 유
必踐 於愛 有必恕 於濟 有必智 此 人之天
필천 어애 유필서 어제 유필지 차 인지천
性也 反此 於微嫌 有必圖傷人之心 覓謀
성야 반차 어미혐 유필도상인지심 멱모
尋險 不傷不忘 天性 滅矣 開戶視之 黑雲
심험 불상불망 천성 멸의 개호시지 흑운
滿天.
만천

♣ 踐 실천할(천)　覓 찾을(멱)

제6절. 위사(남에게 청탁함)

위사는 남에게 청탁하는 것이다. 일이 잘 돌아가지 아니함에 남의 도움을 청하는 것은 정성이며 믿음이 이루어지기 어려움에 붙잡아 줄 사람을 구하는 것은 옳은 것이지만, 사사로운 원한을 갚으려고 남에게 부탁하는 것은 심히 어질지 못함이며 남의 원한을 풀기 위하여 떳떳하지 못한 청탁을 받는 것은 지혜롭지 못함이니, 부탁한 사람은 위태로워지고 부탁받은 사람은 망하게 된다.

第六節. 委唆

委唆者 托囑於人也 事輪不轉 請人助力
위사자 탁촉어인야 사륜부전 청인조력
誠也 信河難挽 求人扶翼 義也 欲報私怨
성지 신하난만 구인부익 의야 욕보사원
托於人 不仁之甚 欲爲人解怨 受非常之
탁어인 불인지심 욕위인해원 수비상지
囑 不智也 指者 危 領者 亡.
촉 부지야 지자 위 령자 망

♣ 委 맡길(위)　唆 부추길(사)　領 받을(령)

제7절. 흉모(흉한 모습)

흉모는 야만적인 행위를 말한다. 사람이 야만적인 행위를 하면 착한 사람을 성나게 하며 의로운 사람을 떠들게 한다. 이는 아무 까닭도 없이 사물의 이치를 악하게 하고 아무 까닭도 없이 천도를 모멸하는 것이니, 재앙이 한꺼번에 몰아치지 않아도 긴 밤에 빗물이 넘쳐 흐르듯 재앙이 따르게 된다.

第七節. 兇謀

兇謀者 蠻行也 人有蠻行則怒善人 咬義人
흉모자 만행야 인유만행즉노선인 교의인

無何而惡戮物理 無何而頑滅天道 禍不驟
무하이오륙물리 무하이완멸천도 화불취

乃長夜雨漫.
내장야우만

♣ 兇 흉악할(흉)　蠻 야만적인(만)　咬 음란한소리(교)
　戮 죽일(륙)　驟 몰아칠, 달릴(취)　漫 질펀할(만)

제5장. 음(몰래 꾀함)

음은 몰래 꾀하는 것이다. 의로움이 다함에 몰래 꾀가 돌아오고 술책이 다함에 몰래 꾀가 생기며, 욕심이 지나침에 음한 꾀를 내게 되니 음한 꾀로 이루어지는 것은 재앙뿐이다.

第五章. 陰

陰　陰謀也　義窮　歸陰謀　術盡　生陰謀
음　음모야　의궁　귀음모　술진　생음모

欲極　立陰謀　陰謀而成者　禍也.
욕극　입음모　음모이성자　화야

제1절. 흑전(어두운 곳에서 쏘는 화살)

흑전은 어두운 곳에서 사람을 활로 쏘는 것이다. 지혜로 활을 쏘는 것은 혹 남과 함께 하지만 꾀로 활을 쏘는 것은 반드시 자기 혼자 하는 것이므로 차라리 지혜로 할지언정 꾀로 해서는 안 된다. 사냥터에서도 잠자는 것을 죽이지 않는 것은 어질기 때문이다. 사람이 어질지 못하면 사람의 도리를 깎는 것이고 사람의 도리를 깎이면 그 재앙만 높아진다.

第一節. 黑箭

黑箭者 暗地射人也 智箭 或兼人 謀箭 必
흑전자 암지사인야 지전 혹겸인 모전 필

由己 寧可智 不可謀 獵不殺宿 仁也 人而
유기 영가지 불가모 렵불살숙 인야 인이

不仁 貶人道 貶人道者 其禍仰噴.
불인 폄인도 폄인도자 기화앙분

♣ 箭 화살(전) 射 쏠(사) 獵 사냥(렵) 貶 깍아낮출(폄)
　噴 뿜을(분)

제2절. 귀염(귀신의 연기)

귀염은 술에 취해 남의 집에 불을 지르는 것이다. 불이 일어나는 것은 만물의 자연스러운 이치이며, 취하여 혼미해지는 것도 사람의 당연한 이치이나, 이러한 만물의 이치를 따라 자연히 사람을 해치게 되니, 큰불이 도리어 술을 깨게 하는 것이다.

第二節. 鬼焰

鬼焰者 放火於醉人之家也 火之發 物之自然之理也 醉之昏人之自然之理也 縱自然之物 害自然之人 大火反及於醒.
귀염자 방화어취인지가야 화지발 물지자연지리야 취지혼인지자연지리야 종자연지물 해자연지인 대화반급어성

♣ 醉 취할(취)　醒 깰(성)

제3절. 투현(어진이를 시기함)

소인이 어진 사람을 미워하는 것은 여자가 여자를 시기하는 것과 같다. 이는 자기의 단점을 가지고 남의 장점을 시기하는 것으로 어찌 단점이 능히 장점을 이길 수 있겠는가. 날개 달린 벌레가 거미줄을 해치는 것은 거미에게는 재앙이다.

第三節. 妬賢

妬賢者 小人惡賢人 如女妬女也 將己短
투현자 소인오현인 여여투여야 장기단
妬人長 短能距長 否翼殘蛛網者 蛛之禍也.
투인장 단능거장 부익잔주망자 주지화야

♣ 妬 시기할(투) 距 겨룰(거) 蛛 거미(주)

제4절. 질능(능함을 시기함)

질능은 덕이 없는 사람이 덕 있는 사람을 방해하고 재주 없는 사람이 재주 있는 사람을 헐뜯는 것이다. 이미 같지가 않다면 사양할 것이며 이미 사양하지 못했으면 뒤에라도 해야 한다. 사양하는 것을 모르고 나중에도 사양하지 않으며 덕 있는 사람과 재주 있는 사람을 홀로 몰래 해하고자 한다면, 인간 족속의 큰 도둑이니 도둑은 그물을 벗어날 수는 있을지라도 오래 가지는 못한다.

第四節. 嫉能

嫉能者 無德 妨有德 無才 毀有才也 旣不
질능자 무덕 방유덕 무재 훼유재야 기불
如 可讓 旣不讓可後 不知讓 不知後 獨欲
여 가양 기불양가후 부지양 부지후 독욕
先陰害德才者 人族之大盜也 盜能脫羅
선음해덕재자 인족지대도야 도능탈라
無餘世.
무여세

♣ 嫉 시기할(질)   毀 헐뜯을(훼)   讓 사양할(양)   盜 훔칠(도)
　脫 벗을(탈)   羅 새그물(라)

제5절. 간륜(인륜을 이간질함)

간륜은 인륜을 이간질하는 것이다. 겨울이 따뜻한 것을 보고 기뻐하는 사람은 어리석고, 봄 추위를 두려워하는 사람도 또한 어리석다. 자기 몸에 욕심을 붙여 인륜을 끊고자 꾀한다고 겨울이 길게 따뜻할 것이며, 봄이 길게 춥겠느냐. 이간을 듣는 사람은 겨울이 따뜻함과 같으며, 이간(離間)을 받는 사람은 봄의 추위와 같아서, 겨울의 따뜻함이 다시 추워지며, 봄의 추위가 다시 따뜻해지듯, 재앙이 곧 돌아 이른다. 이것이 하늘의 이치다.

第五節. 間倫

間倫者 離間人倫也 見冬煖而喜者愚 見
간 륜 자   리 간 인 륜 야   견 동 난 이 희 자 우   견
春寒而畏者亦愚 爲己贅慾 謀絶人倫則冬
춘 한 이 외 자 역 우   위 기 췌 욕   모 절 인 륜 즉 동
長煖乎 春長寒乎 聽間者 冬煖也 受間者
장 난 호   춘 장 한 호   청 간 자   동 난 야   수 간 자
春寒也 冬煖 更寒 春寒 更煖 禍旋至者
춘 한 야   동 난   경 한   춘 한   경 난   화 선 지 자
此 天理也.
차   천 리 야

♣ 畏 두려워 할(외)   贅 얻을(췌)

제6절. 투질(근본 바탕을 깎아내림)

투질은 남의 정당한 근본을 깎아내리는 것이다. 남의 허물을 떠들어 대고 남의 진실을 그릇된 것으로 만들어서 근본과 재물을 버리게 하여 살길을 막는 사람은 하늘이 그 은밀한 마음을 깨트릴 것이니, 꿩의 울음소리를 듣고 그 자취를 아는 것과 같다.

第六節. 投質

投質者　投下可質也　爲呵嫌嚨　謀人實過
투질자　투하가질야　위가혐롱　모인실과

投之質物　堡其活路者　天破其隱　鳴得雉跡.
투지질물　보기활로자　천파기은　명득치적

♣ 呵 비난할(가)　嚨 목구멍, 떠들어댈(롱)　堡 작은성, 둑(보)
　鳴 울(명)　雉 꿩(치)

제7절. 송절(겉과 속이 다름)

송절은 겉으로는 은혜롭게 하고 속으로는 원수로 여기는 것이다. 은인을 원수로 삼지 못하고 원수를 은인으로 삼지 못하는 것은 사람의 이치다. 탐내는 것이 상대에게 있지 않으면 은혜를 입은 듯하다가 해롭게 하려는 꾀가 깊게 되어 그 하고자 하는 바가 반드시 남의 집을 어지럽게 한다. 이는 마치 핏자국이 마르기도 전에 이웃의 닭들이 번갈아 울어대는 것과 같다.

第七節. 送絶

送絶者 陽惠陰仇也 惠不仇 仇不惠 人理
송절자 양혜음구야 혜불구 구불혜 인리
也 非有所欲 爲惠而謀害深 其所欲爲必
야 비유소욕 위혜이모해심 기소욕위필
亂人家 血痕 未乾 隣鷄迭唱.
란인가 혈흔 미건 린계질창

♣ 迭 갈마들(질) 唱 노래(창)

제8절. 비산(비방)

비산은 소인이 입으로만 잘하는 것을 말한다. 나쁜 마음이 가득하면 악질보다 더 독하여 남이 편히 숨 쉬는 것도 곤란하게 한다. 사람을 베는 칼은 보이지 않더라도 그 칼자루는 날카롭고 칼집은 간악하다.

第八節. 誹訕

誹訕者　小人之善口也　全心則毒于惡疾
비 산 자　소 인 지 선 구 야　전 심 즉 독 우 악 질

困人軟呼吸　割人不見刀　其刀 利柄奸鞘.
곤 인 연 호 흡　할 인 불 견 도　기 도　리 병 간 초

♣ 誹 헐뜯을(비)　訕 헐뜯을(산)　軟 부드러울(연)　柄 자루(병)
　鞘 칼집(초)

제6장. 역(순리를 거역함)

역은 순리를 따르지 않는 것의 극단을 말한다. 사람의 백 가지 행실이 순리를 따르면 이루어지고 순리를 거스르는 데서 성공하지 못한다. 순리를 거스르면서 큰 복과 큰 이익을 구하는 것은 마치 토끼가 한 굴속에서만 사는 것과 같이 위태롭다.

第六章. 逆

逆 不順之極也 人之百行 成于順 失于逆
역 불순지극야 인지백행 성우순 실우역

逆而求大福大利者兎止一窟.
역이구대복대리자토지일굴

♣ 逆 거스릴(역)　兎 토끼(토)　窟 굴(굴)

제1절. 설신(하늘을 업신여김)

설신은 불경스러운 말로써 하늘을 업신여기는 것이다. 하늘의 도리를 아는 사람은 하늘을 능멸하지 않으며 하늘의 섭리를 아는 사람은 하늘을 원망하지 않는다. 그러므로 하늘을 업신여기는 사람은 도리도 모르고 섭리도 모르는 자이다.

第一節. 褻神

褻神者 以不敬言語 褻天神也 知天道者
설신자　이불경언어　설천신야　지천도자
不凌天 知天理者不怨天 是以 褻天者 無
불릉천　지천리자불원천　시이　설천자　무
道無理.
도 무 리

♣ 褻 더러울(설), 업신여길(설)　凌 능멸할(릉)

제2절. 독례(예절을 모독함)

독례는 예절에 따른 행위를 파괴하는 것이다. 예절은 사람에게 있어 몸의 손과 다리 또는 방의 문과 같은 것으로, 손과 다리를 움직이지 않고 몸을 움직이지 못하며 문을 통하지 않고 방으로 들어가는 사람은 없다. 예절을 파괴하고 나쁜 풍속을 이루는 것은 매우 나쁜 일이 될 것이다.

第二節. 瀆禮

瀆禮者 撲滅禮行也 禮於人 如體之手脚
독례자 박멸례행야 예어인 여체지수각
室之門戶 不動手脚而運體者未有也 不由
실지문호 부동수각이운체자미유야 불유
門戶而達室者未有也 撲滅禮行 區成惡俗
문호이달실자미유야 박멸례행 구성악속
者 其比類之首悖乎.
자 기비류지수패호

♣ 瀆 모독할(독)　悖 벗어날(패) 어그러질 (패)

제3절. 패리(이치를 무너뜨림)

패리는 하늘의 섭리를 무너뜨려 어지럽게 하는 것이다. 착함을 버리고 악함을 지으며 바른 것을 내치고 사특한 것을 행함은 하늘의 섭리를 어기는 것이다. 악함을 지으면서 도리어 착함을 치고 사특하면서 도리어 바른 것을 꺾는 것은 하늘의 이치를 무너뜨리는 것이다.

第三節. 敗理

敗理者 壞亂天理也 捨善而做惡 棄正而
패리자 괴란천리야 사선이주악 기정이

行邪 違天理也 做惡而反伐善 邪而反貶
행사 위천리야 주악이반벌선 사이반폄

正 敗天理也.
정 패천리야

♣ 壞 어지러울(괴)

제4절. 범상(위를 범함)

범상은 윗사람을 범하여 허물을 씌우는 것이다. 아들이 효도하지 않고 신하가 제 직분을 다하지 않으며, 제자가 가르침을 반대하고 형제가 화목하지 않으며, 부부가 불화하여 거칠고 어지러운 것은 모두 윗사람에게 허물을 씌우는 것이다. 백 가지 재앙이 이에서 비롯되는 것이다.

第四節. 犯上

犯上者 犯上科過戾也 子而不孝 臣而不職
범상자 범상과과려야 자이불효 신이부직

弟而反訓 兄弟而不睦 夫婦而荒亂不和
제이반훈 형제이불목 부부이황란불화

皆上科過戾 百禍 根於玆.
개상과과려 백화 근어자

♣ 職 직분(직)   睦 화목할(목)   戾 허물, 죄, 어그러질(려)

제5절. 역구(꾸짖음을 거역함)

역구는 이치를 거슬리는 것이다. 덕 있는 관원이나 어른들을 성토하고 질책하는 것은 윤리를 해치고 차례를 바꾸어 놓는 것과 같으니, 자식이나 아우가 된 자로서는 제 부모를 바로 가지지 못한 나나니벌34) 과 같은 적으로 여겨야 한다.

第五節. 逆垢

逆垢者 以逆理 叱官德老長 傷倫革次 爲
역구자 이역리 질관덕노장 상륜혁차 위

子弟螟蛉之賊.
자제명령지적

♣ 叱 꾸짖을(질)   螟 마디충(명)   蛉 잠자리(령)

---

34) 나나니벌 : 빛깔이 푸른 나비와 나방의 유충, 타성(他姓)에서 맞아들인 양자(養子)의 비유, 나나니벌이 명령(螟蛉:배추벌레)의 새끼를 업고 가서 제 자식으로 삼는 데서 이르는 말

화(禍) 275

복(福)

복은 착함으로 받는 경사로, 여섯 가지 문과 마흔다섯 가지 집이 있다.

福者 善之餘慶 有六門四十五戶.
복자 선지여경 유육문사십오호

여섯 가지 문은,

제1장. 인(仁) : 어질어야 한다.

제2장. 선(善) : 착해야 하며,

제3장. 순(順) : 순리를 따라야 하며,

제4장. 화(和) : 온화해야 하고,

제5장. 관(寬) : 너그러워야 하며,

제6장. 엄(嚴) : 엄해야 받는 것이다.

　위 여섯 가지가 온전히 작용했을 때 비로소 복을 받게 된다.

제1장. 인(어짊)

어진 것은 사랑의 저울추와 같다. 사랑은 사랑하지 않는 것이 없기 때문에 혹 치우치게 사랑하거나 사사롭게 사랑하는 것이 있으니, 어짊이 아니면 능히 그 중심을 잡지 못한다. 어짊은 따스하고 화창한 봄기운과 같아서 만물을 피어나고 살아나게 한다.

第一章. 仁

仁者 愛之鎚也 愛 無不愛故 或有偏愛私
인자 애지추야 애 무불애고 혹유편애사
愛 非仁莫能執中 仁如春氣溫和 物物 發生.
애 비인막능집중 인여춘기온화 물물 발생

♣ 鎚 저울(추)

제1절. 애인(사람을 사랑함)

밝은 이는 사랑을 하되 착한 사람을 사랑하고 악한 사람 역시 사랑하여 악함을 버리고 착함에 나아가도록 한다. 남이 성내는 것을 평안하게 하여 남과 원수를 맺지 않게 하고, 남의 의혹을 풀어주어 사람이 타락하지 않게 하고 사람의 어리석음을 인도하여 스스로 깨우치게 한다.

第一節. 愛人

哲人之愛人 愛善人 亦愛惡人 勸去惡就
철인지애인　애선인　역애악인　권거악취

善 平人慍 勿結嫌於人 決人惑 勿轉致於
선　평인온　물결혐어인　결인혹　물전치어

人 導人之迷 自得於己.
인　도인지미　자득어기

♣ 勿 말, 금지의 뜻(물)　迷 미혹할(미)

제2절. 호물(만물을 보호함)

호물은 사람이 만물을 사랑하고 보호하는 것이다. 무릇 하늘과 땅 사이에 사람은 사람대로 두고 만물은 만물대로 그대로 두면 반드시 사람과 만물의 구분이 없어질 것이다. 밝은 사람은 만물을 감싸 마음에 담아두니 남이 가지고 있는 것을 내가 가지고 있는 것 같이하며, 남이 잃어버린 것을 내가 잃어버린 것 같이한다.

第二節. 護物

護物者 愛物而護也 凡於天地間 人固自
호물자 애물이호야 범어천지간 인고자

人 物固自物 必無人無物 哲人 包萬物
인　물고자물　필무인무물　철인　포만물

獨有之心 人之所有 若我所有 人之有
독유지심　인지소유　약아소유　인지유

失若我有失.
실약아유실

제3절. 체측(슬픔을 대신함)

남이 딱한 일을 당하면 마땅히 딱하게 여겨야 함에도, 세상 사람들은 그렇게 못 하지만 오직 밝은 사람은 이를 딱하게 여기며, 곤경에 처함 사람을 보면 마땅히 불쌍히 여겨야 함에도 세상 사람들은 그렇지 않지만 오직 밝은 사람은 불쌍히 여긴다. 딱하게 여기는 것은 오직 성실하기 때문이며 불쌍히 여길 수 있는 것은 진실에 이르렀기 때문이다.

第三節. 替惻

替惻者 人於當憫人之憂 不憫 惟哲人 憫
체측자 인어당민인지우 불민 유철인 민

之 人於當憐人之困不憐 惟哲人 憐之 憫
지 인어당련인지곤불련 유철인 련지 민

之惟實 憐之致眞.
지유실 련지치진

♣ 替 쇠퇴할(체)   惻 슬퍼할(측)

제4절. 희구(구함을 기뻐함)

희구는 남의 급한 어려움을 보고 구하기를 좋아하는 것이다. 남의 급한 어려움을 구할 때는 혹 공을 바라거나 혹 말로만 걱정해 주는 수가 있으나, 오직 지혜있는 사람은 구하고 공을 바라지 않으며 말로만 걱정하지 않는다. 남의 급함을 들으면 문득 구하기를 기뻐하고 물질이 곤궁한 것을 보면 베풀기를 기뻐하며, 힘이 미치지 못하면 생각하고 바라보며 기다려야 한다.

第四節. 喜救

喜救者 好救人之急難也 救人之急難 或
희구자 호구인지급난야 구인지급난 혹
有功救焉 或緣難辭焉 惟哲人 無功救
유공구언 혹연난사언 유철인 무공구
無難辭 聞人之急 輒喜救之 見物之困 輒
무난사 문인지급 첩희구지 견물지곤 첩
喜施之 力殘則思 程遠則望.
희시지 역잔즉사 정원즉망

♣ 緣 연줄(연)

제5절. 불교(교만하지 않음)

어진 사람은 덕이 있다고 어리석은 이에게 교만하지 않으며, 부유하다고 가난한 이에게 교만하지 않고 높아도 낮은 이에게 교만하지 않는다. 남이 스스로 미혹할까 염려하여 온화한 얼굴빛으로 말을 바르고 따뜻하게 한다.

第五節. 不驕

仁者 德不驕愚 富不驕貧 尊不驕卑 慮人
인자 덕불교우 부불교빈 존불교비 려인

自迷 色近而和 言正而溫.
자미 색근이화 언정이온

♣ 驕 교만할(교)   卑 낮을(비)

제6절. 자겸(스스로 겸손함)

비록 덕과 재주가 있을지라도 스스로 잘났다 하지 말아야 한다. 사람들은 약간의 재주와 얄팍한 덕이라도 있으면 스스로 얼굴에 나타내며 입으로 떠들어 혹 자신이 드러나지 못할까 두려워한다. 그러나 건전한 사람의 재주는 물에 잠겨 있어도 허우적거리지 않으며, 덕은 아무리 뜨거워도 불꽃이 일어나지 않는다.

第六節. 自謙

自謙者 雖有才德 不自長也 衆人 有微才
자겸자 수유재덕 부자장야 중인 유미재

薄德 自色焉 唆揚焉 惟恐單嵒不徹宇內
박덕 자색언 사양언 유공단구불철우내

君者之才 潛而不泳 君者之德 熱而不炎.
군자지재 잠이불영 군자지덕 열이불염

♣ 唆 부추길(사)

제7절. 양렬(못한 이에게 양보함)

양렬은 보다 나은 사람이 그보다 못한 사람에게 양보하는 것이다. 명예를 구함은 추접하므로 도리어 명예를 떨어뜨리며, 명성을 탐내는 것은 시끄러워서 도리어 명성을 훼손시키는 것이다. 그러므로 밝은 사람은 가히 공이 있어도 공이 없는 것 같이 사양하고, 가히 상을 받을만 하여도 상을 받지 않고 사양한다.

第七節. 讓劣

讓劣者 優讓於劣也 求譽 陋而反損譽 釣
양렬자 우양어렬야 구예 루이반손예 조

名譁而反傷名 是以 哲人 有可功 讓於無
명화이반상명 시이 철인 유가공 양어무

功 有可賞 讓於不賞.
공 유가상 양어불상

♣ 讓 사양할(양)　劣 못할(렬)　陋 더러울(루)　損 줄(손)
　釣 낚을(조)　譁 시끄러울(화)

제2장. 선(착함)

착함이란 사랑이 마치 물줄기처럼 흐르는 것이며 어질기가 마치 어린아이와 같은 것이다. 사랑을 심음으로써 반드시 착한 마음이 일어나고 어짊을 배움으로써 그 하는 일은 반드시 착하게 된다.

第二章. 善

善 愛之派流也 仁之童稚也 種於愛故 發
선 애지파류야 인지동치야 종어애고 발
心 必善 學於仁故行事必善.
심 필선 학어인고행사필선

♣ 派 나눌(파)

제1절. 강개(슬퍼하고 한탄함)

강개는 착함을 위한 의분이 북받쳐 슬퍼하고 탄식하는 것으로, 의로움으로 분개하는 것은 착하기 때문이다. 폭포의 여울은 땅에 떨어지면 편히 흐르고 백 번 단련된 쇠는 물건에 대기만 해도 곧 자른다. 귀하고 쾌한 것이나 사람이 쾌하게 여기지 않는 것은 자기의 이해타산에 얽혀 잘못 선택하기 때문이다.

第一節. 慷慨

慷慨者 善之義也 瀑佈之湍 落地便流 百
강개자 선지의야 폭포지단 락지편류 백

鍊之鐵 臨物便切 其尙且快 人所不快 不
련지철 림물편절 기상차쾌 인소불쾌 불

擇在己利害.
택 재 기 이 해

♣ 慷 강개할(강) 慨 개탄할(개) 瀑 폭포(폭) 佈 베(포)
湍 여울(단) 尙 숭상할(상) 臨 임할 (림), 곡할 (림)
切 끊을 (절)

제2절. 불구(구차하지 않게 함)

불구는 선으로 한번 결단하면 구차스러워하지 않는 것이다. 성품이 착한 사람은 유약하여 잘 결단하지 못하고 머뭇거린다. 선의 결단이란 행하고자 하면 반드시 행하여야 하고 베풀고자 하면 구차함이 없이 베풀어야 한다.

第二節. 不苟

不苟者 善有決而不苟且也 性善者 無決則
불구자 선유결이불구차야 성선자 무결즉

柔 潁斷 遂滯 善之決 欲行必行 欲施 無
유 영단 수체 선지결 욕행필행 욕시 무

所苟且.
소 구 차

♣ 苟 구차할(구)　潁 빼어날(영)

제3절. 원혐(의심할 여지가 없음)

원혐은 의심할 여지가 없는 것이다. 밝은 사람은 사물을 대함에 있어 차라리 지혜는 부족할지언정 정성은 부족함이 없으며, 차라리 말은 더듬는다 하더라도 마음은 간사하거나 거짓이 없는 까닭에 의심도 없고 의심할 틈도 없으니, 그러한 착함을 알지 못하는 사람은 도리어 착하지 못한 것이다.

第三節. 遠嫌

遠嫌者　無嫌隙也　哲人接物　寧智疎短
원혐자　무혐극야　철인접물　영지소단
誠無不足　寧言訥焉　心無詐僞故　無嫌無隙
성무부족　영언눌언　심무사위고　무혐무극
不知其善者　反不善.
부지기선자　반불선

♣ 嫌 실어할(혐) 의심하다　隙 틈(극)

제4절. 명백(밝고 뚜렷함)

성품이 착하면 일을 처리하고 판단함이 분명하여 뒤가 밝고 깨끗하며 나아가고 물러감에 머뭇거림이 없으며, 왼편과 오른편을 같이 의심함이 없어서 하늘의 이치와 사람의 일이 자연히 명백해진다.

第四節. 明白

性善則剖截丁寧　行決的歷　無猶豫進退
성 선 즉 부 절 정 녕　행 결 적 력　무 유 예 진 퇴

無疑似左右　天理人事　明白乎自然之間.
무 의 사 좌 우　천 리 인 사　명 백 호 자 연 지 간

♣ 截 끊을(절)

제5절. 계물(물질로 도와줌)

계물은 생활을 이어갈 수 있도록 물질로 도와주는 것을 말한다. 사람이 비록 어렵게 되어도 부모 처자식의 도리와 먹고사는 문제는 안정되도록 해주어야 한다. 우물을 등지고 부엌을 떠나, 갈 곳 없는 사람들이 안심하고 살 수 있도록 해 주어야 한다.

第五節. 繼物

善　善於恤人繼人　人事將廢　安人父母妻
선　선어휼인계인　인사장폐　안인부모처

子之倫　定人背井　離廚之蹤.
자지륜　정인배정　리주지종

♣ 廚 부엌(주)　蹤 자취(종)　恤 규휼할(휼) 돌보다

제6절. 존물(만물을 보존함)

만물이 생존하는 것을 기뻐하고 만물이 없어지는 것을 싫어하는 것은 사람이 착하기 때문이다. 그물에 걸린 것은 놓아 주고 사냥한 것은 슬퍼하니, 놓아 주는 것은 날개를 하늘로 떨치는 것을 본다는 것이며, 슬퍼하는 것은 다리를 펴고 언덕을 달리는 것을 보지 못하기 때문이다.

第六節. 存物

善 喜物存而惡物亡 羅而放之 獵而悲之
선 희물존이오물망 라이방지 렵이비지

放之者 見其拂翼于雲霄 悲之者 不見其
방지자 견기불익우운소 비지자 불견기

展脚于丘陵.
전각우구릉

♣ 拂 떨칠(불) 脚 다리(각)

제7절. 공아(나를 비움)

내가 나를 생각하지 않아야 한다. 밝은 사람은 사람들과 더불어 있을 때 나는 수고스러워도 다른 사람들을 편안하게 하고, 사람들과 떨어져 있을 때도 나는 박해도 사람들에게는 후하게 하며, 근심을 사람들과 같이 하되 혼자 당한 듯이 한다.

第七節. 空我

空我者 我不念我也 哲人 處衆 逸衆而勞
공아자 아불념아야 철인 처중 일중이로

我 分衆厚衆而薄我 同憂以衆 有若獨當.
아 분중후중이박아 동우이중 유약독당

♣ 逸 달아날, 편안하게 하다(일)

제8절. 양능(능력을 칭찬함)

양능은 남의 능한 바를 능하게 드날리도록 하는 것이다. 밝은 사람은 남의 능한 것을 보고 마음으로 먼저 기뻐하고 칭찬하며 그 사람의 능력이 더욱 발휘되게 하고, 그렇지 못한 사람에게는 그 능력을 본받도록 한다.

第八節. 揚能

揚能者　揚能人之所能也　哲人　見人之能
양능자　양능인지소능야　철인　견인지능
心先喜悅　說輒揚言者　使能者　勉能　不能
심선희열　설첩양언자　사능자　면능　불능
者　效則.
자　효칙

♣ 揚 오를(양)　效 본받을(효)

제9절. 은건(허물을 숨겨줌)

은건은 남이 지은 허물을 숨겨 주는 것이다. 밝은 사람이 남의 허물을 듣고 바로 숨겨 새어나가지 않게 하는 것은, 먼저 스스로 부끄러워 경계하게 하며 또 남이 관련될까 두려워하기 때문이다. 한 사람 잃는 것을 천하의 사람을 다 잃는 것 같이 여긴다.

第九節. 隱愆

隱愆者 隱人之做愆也 哲人 聞人之愆 直
은건자 은인지주건야 철인 문인지건 직

隱而不泄者 先自愧焉 先自警焉 又恐聯於
은이불설자 선자괴언 선자경언 우공련어

人 失一人 如失天下之人.
인 실일인 여실천하지인

♣ 愆 허물(건)   泄 샐(설)   愧 부끄러워할(괴)

제3장. 순(법도를 따름)

순이란 법도를 거스르지 않는 것이다. 가난하여도 억지로 가지려 하지 않으며 고달파도 억지로 벗어나려 하지 않음은 하늘의 이치에 순응하는 것이며, 은혜를 보답함에 아첨하지 않고 위엄 앞에 굽히지 않음은 사람의 이치에 순응하는 것이다.

第三章. 順

順 不逆度也 貧不强取 困不强免 順天理
순 불역도야 빈불강취 곤불강면 순천리
也 答恩 不之諛 枉威 不之屈 順人理也.
야 답은 부지유 왕위 부지굴 순인리야

제1절. 안정(편안하게 정함)

마음을 편안하게 하여 동요되지 않으므로 헐뜯고 꾸짖음을 받아도 성내지 않고 기운을 어지럽게 하지 않는다. 지나치도록 분한 일을 당해도 맞서지 않는 사람은 하늘의 덕에 순응하는 것이니, 하늘의 덕이 안으로 서면 사람의 덕은 밖에서 이루어진다.

第一節. 安定

安心而心不動 受詆毀而不熅 定氣而氣不
안 심 이 심 부 동   수 저 훼 이 불 온   정 기 이 기 불

亂 逢忿激而不作者 順天德也 天德 內立
란   봉 분 격 이 부 작 자   순 천 덕 야   천 덕   내 립

則人德 外成.
즉 인 덕   외 성

♣ 詆 꾸짖을(저)   逢 만날(봉)

제2절. 정묵(고요하고 잠잠함)

성품이 참되면 고요하고 앎을 이루면 잠잠해진다. 고요하면 능히 통달할 수 있고 잠잠하면 능히 어지러움을 진압하니 이는 사람의 지혜를 따르기 때문이다. 사람의 지혜가 안정되면 심령이 관통하여 가히 사람의 스승이 될 수 있다.

第二節. 靜默

性眞則靜 知遂則默 靜能成達 默能鎭紊 此
성 진 즉 정　지 수 즉 묵　정 능 성 달　묵 능 진 문　차

順人智也 人智定則心靈 貫通 可爲人師.
순 인 지 야　인 지 정 즉 심 령　관 통　가 위 인 사

♣ 紊 어지러울(문)　貫 꿸(관)

제3절. 예모(예의 바른 모습)

행동에 예모가 있는 사람은 사람의 일에 따르는 것이니 사람이 예법을 지키는 모양이 있으면, 말을 하지 않아도 가히 엉킨 것을 풀고 완고하고 패역한 사람이라도 감히 함부로 하지 못한다. 어진 이들이 스스로 멀리서 찾아온다.

第三節. 禮貌

動有禮貌者 順人事也 人有禮貌則不言而
동 유 례 모 자   순 인 사 야   인 유 례 모 즉 불 언 이
可解紛 頑悖不敢肆賢良 自遠至.
가 해 분   완 패 불 감 사 현 량   자 원 지

♣ 貌 모양(모)

제4절. 주공(공손을 주장함)

주공은 공손히 따르는 것을 위주로 하는 것이다. 한번 움직이고 한 번 멈춤에 반드시 공손함을 주로 하고, 일을 맡아서는 물이 가득한 그릇을 들어 올리는 것같이 하며, 사람을 대할 때는 무거운 것을 차고 있는 것처럼 신중하여 삼가 조심스럽게 믿음과 덕을 이루고, 나아가 명예의 덕을 이루어야 한다.

第四節. 主恭

主恭者 主恭順也 一動一靜 必主恭順 視
주공자 주공순야 일동일정 필주공순 시
事如擧溢 接人如佩重 謹愼成信德 就收
사여거일 접인여패중 근신성신덕 취수
成譽德.
성예덕

제5절. 지념(생각을 가짐)

지념은 목표를 가지고 생각하는 것이다. 대체로 사람이 마음을 정하지 못하면 기운 역시 순하지 못하고, 마음이 정해지고 기운이 순하면 스스로 생각하는 바 있어 이치와 도리에 쉽게 통달하며, 덕에 순응하여 아름다움을 이루게 된다.

第五節. 持念

持念者 持念標而有所思也 夫人 心不定
지념자 지념표이유소사야 부인 심부정
氣亦不順 心定氣順則自有所思 於尋理覓
기역불순 심정기순즉자유소사 어심리멱
道 容易達通 順德成美.
도 용이달통 순덕성미

♣ 標 목표, 우듬지(표)

제6절. 지분(분수를 알아야 함)

지분은 마땅히 할 것을 알며 마땅히 하지 말 것을 아는 것이다. 하늘의 도리를 알아 사람의 일과 어울려 서로 합하고, 사물의 이치를 알아 사람의 이치와 어울려 서로 대하게 해야 한다. 분수를 알면 만 가지 이치를 따르게 되고 백 가지 일이 화합하여 밤바다에 달이 떠오름과 같다.

第六節. 知分

知分者 知當爲者 知不當爲者 知天道 與
지분자　지당위자　　지부당위자　　지천도　여

人事相合知物理 與人理相對也 知分則萬
인사상합지물리　여인리상대야　　지분즉만

理順 百事和 如夜海月上.
리순　백사화　여야해월상

제4장. 화(온화함)

해와 바람의 조화는 하늘의 조화이며 기운과 소리의 조화는 사람의 조화니, 해와 바람이 고르면 복스럽고 길한 징조가 때맞추어 내리어 그해에 공을 이루고, 기운과 소리가 고르면 신령이 맑고 화창하여 덕이 밝게 나타난다.

第四章. 和

日之和風之和 天和也 氣之和聲之和 人
일지화풍지화   천화야 기지화성지화   인
和也 日和風和則禎祥 時降 歲功 遂 氣和
화야 일화풍화즉정상 시강 세공 수 기화
聲和則靈神 精暢 昭德 著.
성화즉령신 정창 소덕 저

♣ 禎 상서(정) 暢 펼(창)

제1절. 수교(닦고 가르침)

스스로 닦는 것도 닦음이며 남을 닦게 하는 것도 닦음이니, 하늘의 도를 닦는다는 것은 어두운 사람을 가르쳐 밝은 도를 보게 하고, 악한 사람을 가르쳐 착한 도리에 돌아오게 하며 착한 사람을 가르쳐서 사람의 도에 옮기게 하는 것이다. 그렇게 하면 그 공이 가뭄에 단비 내리는 것보다 더 나은 것이다.

第一節. 修敎

修者 自修 修也 修人 亦修也 修天道之道
수자 자수 수야 수인 역수야 수천도지도
者 敎昏人 見明道敎惡人 歸善道 敎善人
자 교혼인 견명도교악인 귀선도 교선인
遷人道則功過於甘霈.
천인도즉공과어감패

제2절. 준계(계율을 따름)

참전의 팔계(성, 신, 애, 제, 화, 복, 보, 응)를 지켜야 한다. 새 옷 입은 사람은 깨끗하고 정연함을 주장하며 남루해질까 염려하고 새로 목욕한 사람은 정결함을 주장하며 오직 몸이 더러워질까 염려한다. 계율 따르기를 정연히 하고 정결하게 해서 부지런히 자신을 돌아보고, 방자하고 게으름이 없으면 사람의 온화함에 신명이 따라 온화하고 신명이 온화함에 하늘도 또한 온화해진다.

第二節. 遵戒

遵守也 戒 叅佺八戒[35]也 新衣者 主整 惟
준수야 계 참전팔계 야 신의자 주정 유
恐襤褸 新浴者主潔 惟恐汚穢 遵戒 如主
공람루 신욕자주결 유공오예 준계 여주
整主潔 顧勤而無放怠 人和神亦和 神和
정주결 고근이무방태 인화신역화 신화
天亦和.
천역화

♣ 叅 참여할, 뵙다(참)　佺 신선이름(전)　襤 남루할(남)
襤 남루할(루)　汚 더러울(오)　穢 더러울(예)　顧 돌아볼(고)

---

35) 참전팔계(叅佺八戒): 온전한 사람이 되기 위하여 지켜야 할 여덟 가지 계율. 성(誠), 신(信), 애(愛), 제(濟), 화(禍), 복(福), 보(報), 응(應)

제3절. 온지(따뜻함에 이름)

온은 온화한 것이고 지는 다다른다는 것이다. 대체로 밝은 사람은 사람과 어울려 말을 온화하게 하며, 일과 어울려 기운을 온화하게 하고 재물과 어울려 의리를 온화하게 하니, 마치 봄날에 따뜻함이 이르니 사람이 그 따뜻함을 떠나지 않는 것과 같다.

第三節. 溫至

溫 溫和也 至 臨也 夫哲人 和人 語溫 和
온 온화야 지 림야 부철인 화인 어온 화

事 氣溫 和財 義溫 若春日之溫臨而人不
사 기온 화재 의온 약춘일지온림이인불

離溫也.
리온야

♣ 溫 따뜻할(온)

제4절. 물의(의심하지 않음)

내가 남을 의심하지 않아야 남도 나를 의심하지 않는 것이다. 내가 치우침이 없이 고른 마음으로 사람을 맞이하면 그 사람 역시 치우침이 없이 온화하게 나를 맞이하여, 이쪽 정성을 저쪽에서 믿으며 저쪽 정성을 이쪽에서 믿어 온화한 기운이 엉켜서 흩어지지 않게 된다.

第四節. 勿疑

勿疑者 勿我疑人 勿人疑我也 我以中和
물의자 물아의인 물인의아야 아이중화

接人 人亦以中和遇我 此誠彼信 彼誠此信
접인 인역이중화우아 차성피신 피성차신

和氣凝而不散.
화기응이불산

♣ 疑 의심할(의)

제5절. 성사(일을 살핌)

성사는 일의 어려움을 스스로 제거하는 것이다. 뭇사람들은 길이 굽어 갈래가 많으며 험하고 돌이 많으니, 비록 기술을 다해도 능히 어려움을 덜어내지 못하나, 밝은 사람은 일을 집행함에 태양이 눈밭에 내리쪼이는 것 같아서 그 어려운 일이 보이지는 않아도 스스로 사라지게 된다.

第五節. 省事

省事者 事之劇 自去也 衆人 曲路多岐 險
성사자 사지극 자거야 중인 곡로다기 험

路多石 雖窮術 不能省事 惟哲人執事 如
로다석 수궁술 불능성사 유철인집사 여

太陽臨殘雪 不見其消而自消.
태양림잔설 불견기소이자소

♣ 岐 갈림길(기)　險 험할(험)

제6절. 진노(성냄을 진정함)

진노는 성낸 여파가 몸에 미치지 않게 하는 것이다. 착하지 않고 믿지 않음이 있으면 남이 반드시 나를 책하고, 혹 착하지 않음과 믿지 않음이 없어도 잘못 성내게 된다. 온화한 덕이 있으면 착하지 않음과 믿지 않음이 없게 되어 남이 또한 나를 믿으며 잘못 성내는 것 역시 없게 된다.

第六節. 鎭怒

鎭怒者 嗔怪不及於己也 有不善不信 人
진노자　진괴불급어기야　유불선불신　인
必責己 或無不善不信 錯怒有至 有和德則
필책기 혹무불선불신 착노유지 유화덕즉
無不善不信 人且信之錯怒亦不至.
무불선불신　인차신지착노역부지

♣ 嗔 성낼(진)　責 꾸짖을(책)　錯 섞일(착)

제7절. 자취(스스로 성취함)

자취는 자연스럽게 성취하는 것이다. 사람이 욕심내는 바가 있으면 반드시 분주하며 바쁘게 되고, 사람이 구하는 바가 있으면 반드시 애처롭고 가엽게 된다. 분주하고 바빠도 얻지 못하면 욕심을 내지 않은 것만 못하고, 애처롭고 가엾게 되어도 얻지 못하면 구하지 않은 것만 같지 못하다. 온화한 덕이 있으면 화롯불이 집 안에 있는 것 같아서 불을 때지 않아도 저절로 따뜻해진다.

第七節. 自就

自就者 自然成就也 人有所欲 必奔忙 人
자취자 자연성취야 인유소욕 필분망 인
有所求 必哀憐 奔忙而不得 不如無欲 哀
유소구 필애련 분망이부득 불여무욕 애
憐而不得 不如無求 有和德則如烘爐在室
련이부득 불여무구 유화덕즉여홍로재실
不爨而自薰.
불찬이자훈

♣ 忙 바쁠(망)　烘 화롯불(홍)　爨 불땔(찬)

제8절. 불모(꾀하지 않음)

불모는 꾀하지 않고도 남에게 온화하게 하는 것이다. 상서로운 구름이 하늘에 있어 저절로 퍼지고 저절로 합하면서, 머무름도 없고 걸림도 없는 것은 밝은 사람의 몸 처리하는 것과 같은 것이니, 남에게 온화하지 못한 것이 없으므로 꾀하지 않아도 온화하게 된다.

第八節. 不謀

不謀者 不謀和於人也 瑞雲在霄 自舒自合
불모자 불모화어인야 서운재소 자서자합
無滯無礙者 哲人之處己也 於人 無不和故
무체무애자 철인지처기야 어인 무불화고
不謀而和.
불모이화

제5장. 관(너그러움)

봄에 꽃을 심고 가꾸어서 빨리 꽃을 보는 것은 너그러움의 이치이며, 해가 하늘 복판에 있어 네 바다가 두루 밝은 것은 너그러움의 모습이니, 이치와 모습이 함께 이루어지면 밝은 이의 도에 가까운 것이다.

第五章. 寬

栽培春花 迅于見花者 寬之理也 日在中天
재배춘화 신우견화자 관지리야 일재중천
四海通明者 寬之形也 理形 俱成 哲人之
사해통명자 관지형야 리형 구성 철인지
道近焉.
도 근 언

♣ 栽 심을(재)

제1절. 홍량(도량이 넓음)

홍량은 성품을 쓰는 큰 법도다. 부드러운 가운데 강함이 있으면 강함이 보이지 않으며, 온화한 가운데 굳셈이 있어도 그 굳셈은 보이지 않는다. 부드러움을 헤아림에 부드러운 것 같지 아니하며 온화함을 헤아림에 온화한 것 같지 않아야 끝닿는 곳과 굽어진 곳이 없다.

第一節. 弘量

弘量者 性用之大度也 柔中有剛而不見剛
홍량자 성용지대도야 유중유강이불견강

和中有毅而不見毅 測之柔 不似柔 測之和
화중유의이불견의 측지유 불사유 측지화

不似和 無際涯屈曲.
불사화 무제애굴곡

♣ 毅 굳셀(의)　際 사이(제)　涯 가, 끝, 근처(애)　屈 굽을(굴)

제2절. 불린(인색하지 않음)

린은 아낀다는 뜻이니 불린은 아끼지 않음을 말한다. 적게 주고 많이 주는 것을 옳게 하고 가볍게 빌리고 무겁게 빌리는 것을 옳게 하면 능히 흡족하게 있을 것이니, 남의 궁핍함을 보면서 나만 넉넉하지 말 것이며 남의 근심을 보면서 나만 즐거워하지 말아야 능히 일을 함에 편안하게 할 수 있는 것이다.

第二節. 不吝

吝 惜也 可與之短而與之長 可假之輕而
린 석야 가여지단이여지장   가가지경이

假之重 能使洽存 見人乏 莫我贍 見人愁
가지중 능사흡존 견인핍 막아섬 견인수

莫我歡 能使逸免.
막아환 능사일면

♣ 吝 아낄(린) 惜 아낄(석) 洽 윤택하게할(흡) 愁 시름(수)
  歡 기뻐할(환)

제3절. 위비(슬픔을 위로함)

남의 슬픔을 위로해야 한다. 정치의 허물은 반드시 사람을 잃으며 재물의 허물은 마땅히 사람을 얽매이게 한다. 위로한 뒤에 그 허물이 앞서 허물보다 가벼우면 도리어 기뻐하고 허물이 없으면 기용하여 일을 맡겨야 한다.

第三節. 慰悲

慰悲者 慰人之可悲也 政愆 必失人 貨愆
위비자 위인지가비야 정건 필실인 화건

當留人 反慰之後愆輕於前愆 喜之 無愆
당류인 반위지후건경어전건 희지 무건

任之.
임지

♣ 慰 위로할(위)　悲 슬플(비)　留 머무를(류)

제4절. 보궁(궁색함을 도움)

뜻을 얻지 못하면 능히 자신의 궁함을 보호하며 뜻을 얻으면 남의 궁함을 도와야 한다. 그러나 너그러움이 아니면 능히 자신의 궁함을 보호하지 못하며 또 남의 궁함도 돕지 못한다.

第四節. 保窮

保窮者 不得意 能自保窮 得意 能保人窮
보궁자 부득의 능자보궁 득의 능보인궁
非寬 不能自保窮又不能保人窮.
비관 불능자보궁우불능보인궁

제5절. 용부(용감하게 달려감)

너그럽고 어진 사람은 활달하여 머뭇거림이 없으므로, 착함을 보면 용기 있게 달려가서 스스로 그 위대함과 만족을 얻어서 휘장 속에 바람이 가득 찬 듯하다.

第五節. 勇赴

寬仁者 豁如無所趑趄故 見善則勇赴而自
관 인 자 활 여 무 소 자 저 고   견 선 즉 용 부 이 자
得其偉飽 若風滿帳中.
득 기 위 포 약 풍 만 장 중

♣ 赴 나아갈(부) 豁 뚫린골, 통할(활) 趑 머뭇거릴(자)
　 飽 가득찰(포) 帳 휘장(장)

제6절. 정선(바르게 돌아감)

정은 바른 이치이며 선은 돌아가는 것이니 맷돌이 돌아가는 이치를 알아야 한다. 아랫돌은 가만히 있고 위의 맷돌이 둥글게 돌아도 어긋나지 않는 것은 그 말뚝쇠가 복판에 있기 때문이다. 사람도 어질고 너그러운 마음이 있으면 둥글게 돌고 돌아도 법규에 맞지 않는 바가 없는 것이다.

第六節. 正旋

正 正理也 旋 旋理也 下石 靜定 上石 環
정 정리야 선 선리야 하석 정정 상석 환

旋 不動不違者 以鎭鐵 居中也 人 仁居中
선 부동불위자 이진철 거중야 인 인거중

寬 環而旋之 無所不合規.
관 환이선지 무소불합규

♣ 旋 돌(선)

제7절. 능인(능히 참아야 함)

참음에는 세 가지가 있으니 첫째는 참아야 할 까닭이 있어 참는 것이고, 둘째는 억지로 참는 것이고, 셋째는 능히 참는 것이다. 어떤 이유가 있어서 참는 것은 결단을 주장함이 없으며, 억지로 참는 것은 결단을 주장함은 없으나 욕심으로 결단을 주장하는 것이고, 능히 참는 것은 결단을 주장함에 정함이 있으니 너그러움이 아니면 능히 할 수가 없다.

第七節. 能忍

忍 有三 一曰因忍 二曰强忍 三曰能忍 因
인 유삼 일왈인인 이왈강인 삼왈능인 인
忍 無主決 强忍無主決而欲主決 獨能忍
인 무주결 강인무주결이욕주결 독능인
定有主決 非寬 不能.
정유주결 비관 불능

♣ 忍 참을(인)

제8절. 장가(꾸지람을 덮어 줌)

장가는 너그럽고 온화하여 꾸지람을 숨겨 덮어주는 것이다. 나약한 너그러움은 사람이 그 깨우침을 알지 못하고, 부드러운 너그러움은 사람이 그 은혜를 알지 못하며, 사나운 너그러움은 사람이 도리어 너그러움을 치고 반발하게 된다. 오직 꾸지람을 감추는 너그러움이라야 사람이 스스로 존경하고 복종하니, 이는 어진 사람이라야 능히 할 수 있다.

第八節. 藏呵

藏呵者 寬和而藏隱呵也 弱之寬 人不知警
장가자 관화이장은가야 약지관 인부지경
柔之寬 人不知蕙 猛之寬 人反伐之 惟藏呵
유지관 인부지혜 맹지관 인반벌지 유장가
之寬 人自敬服 仁者能之.
지관 인자경복 인자능지

♣ 伐 칠(벌) 服 복종할(복)

제6장. 엄(엄함)

온화하면서 가지런하고 엄숙하면서 고요한 것은 기운이 엄한 것이다. 사사로움을 돌보지 않고 재물을 사사로이 하지 않음은 의리의 엄함이며, 정직을 주장하고 청렴결백을 내세움은 말의 엄함이다.

第六章. 嚴

和而整 肅而靜者 氣嚴也 不顧私 不私財
화이정 숙이정자 기엄야 불고사 불사재
者 義嚴也 主正直主廉潔者 詞嚴也.
자 의엄야 주정직주렴결자 사엄야

♣ 嚴 엄할(엄)　整 가지런할(정)　顧 돌아볼(고)　詞 말씀(사)

제1절. 병사(간사함을 버림)

병사는 간사함을 버리는 것이다. 기운이 엄하면 간사한 기운이 능히 생기지 못하고, 의리가 엄하면 간사한 꾀가 능히 들리지 않으며, 말이 엄하면 간사한 말이 입에 용납되지 않는다.

第一節. 屛邪

屛邪者 去邪也 氣嚴則邪氣不能生 義嚴則
병사자　거사야　기엄즉사기불능생　　의엄즉

邪謀不能聞 詞嚴則邪說 不容口.
사모불능문　사엄즉사설　불용구

♣ 屛 제거할(병)

제2절. 특절(뛰어난 절개를 지님)

특절은 특별히 뛰어난 높은 절개를 지님이다. 그 기상은 흰 눈 속의 푸른 소나무와 같고, 그 몸은 바다 위에 우뚝 선 가파른 바위와 같다.

第二節. 特節

特節者　特特有高節也　其像也雪裡青松
특 절 자　특 특 유 고 절 야　기 상 야 설 리 청 송

其身也海上峭巖.
기 신 야 해 상 초 암

♣ 峭 가파를(초)　巖 바위(암)

제3절. 명찰(밝게 살핌)

엄하되 시끄럽게 드러내지 않고, 엄하되 흩어지는 것을 살피지 않으니, 그러므로 밝은 사람은 사람들의 시끄러움을 없게 하며, 사람들의 흩어짐이 없게 한다.

第三節. 明察

明察者　嚴而不明囂　嚴而不察散　是以
명찰자　엄이불명명효　엄이불찰산　　시이

哲人　無人之囂　無人之散.
철인　무인지효　무인지산

♣ 察 살필(찰)　囂 왁자지껄할(효)

제4절. 강유(굳세고 부드러움)

성품이 굳센 사람이 항상 엄하면 한 집안이 해체되고, 성품이 부드러운 사람이 항상 엄하면 육친의 마음이 떠나게 되니, 비록 강하고 엄하더라도 반드시 은혜롭게 하며, 비록 부드러우면서 엄하더라도 반드시 온화하게 하여 은혜롭고 화평하게 하면 굳셈도 없고 부드러움도 없게 된다.

第四節. 剛柔

性剛者尙嚴 一家解體 性柔者尙嚴 六親[36]
성강자상엄 일가해체 성유자상엄 육친

離心 雖剛嚴必恩 雖柔嚴必和 有恩有和
이심 수강엄필은 수유엄필화 유은유화

無剛無柔.
무강무유

---

[36] 육친(六親) : 부모, 형제, 처자를 통틀어 이르는 말 ①부모 ②형제 ③처재(妻材) ④자손 ⑤관귀(官鬼) ⑥세응(世應)-괘효(卦爻)가 상응함을 뜻함

제5절. 색장(씩씩한 기색)

장이란 엄하면서도 윤택한 것이다. 기운이 엄하면서 기색이 씩씩하지 않으면 노한 것 같고 의리가 엄하고 기색이 씩씩하지 못하면 부탁하는 것 같고, 말이 엄하면서 기색이 씩씩하지 못하면 의논하는 것 같다. 안색의 씩씩함이란 엄함을 일으키는 기틀인 것이다.

第五節. 色莊

莊 厲而潤也 氣嚴而不色莊 近於怒 義嚴
장 려이윤야   기엄이불색장   근어노   의엄

而不色莊 近於托 詞嚴而不色莊 近於論
이불색장   근어탁   사엄이불색장   근어론

莊 發之機也.
장 발지기야

♣ 莊 씩씩할(장) 厲 엄하다(려)

복(福) 325

제6절. 능훈(저절로 가르침)

스승이 엄하면 가르치지 않아도 제자들이 능히 스스로 훈계되어 엄숙해지고, 부모나 형이 엄하면 가르치지 않아도 자식과 아우는 능히 저절로 점잖아지며, 동리의 어른이 엄하면 가르치지 않아도 이웃이 능히 저절로 훈계된다.

第六節. 能訓

傅嚴則不訓而門徒能自訓 父兄 嚴則不訓
부엄즉불훈이문도능자훈 부형 엄즉불훈

而子弟能自訓 長嚴則不訓而隣里能自訓.
이자제능자훈 장엄즉불훈이린리능자훈

♣ 傅 스승(부)   隣 이웃(린)

제7절. 급거(급히 물리침)

성품이 엄하지 못하면 용기가 없고, 엄하면 용기가 있다. 용기가 있는 사람은 착하지 못한 것을 보면 급히 물리치며, 믿지 못할 것을 보아도 급히 물리치고, 옳지 못한 것을 보아도 급히 물리친다. 엄함이란 용기의 근원이다.

第七節. 急祛

性不嚴則無勇 嚴則有勇 勇者 見不善 急祛
성 불 엄 즉 무 용　엄 즉 유 용　용 자　견 불 선　급 거

見不信 急祛 見不義 急祛 嚴 勇之原也.
견 불 신　급 거　견 불 의　급 거　엄　용 지 원 야

♣ 祛 물리칠(거)

보(報)

보(갚음)는 하늘이 악한 사람에게 재앙으로써 갚고, 착한 사람에게 복으로써 갚는 것이니, 여섯 가지 계층과 서른 가지 급수가 있다.

報者 天 報惡人以禍 報善人以福 有六階
보자 천 보악인이화 보선인이복 유육계
三十及.
삼십급

♣ 報 갚을(보)

여섯 가지 계층이란,
제1장. 적(積) : 덕을 쌓는 것이다. 덕을 쌓으면 복을 받고 악을 쌓으면 재앙을 받는다.
제2장. 중(重) : 소중하게 여기는 것이며,
제3장. 창(刱) : 시작하는 것이며,
제4장. 영(盈) : 채우는 것이고,
제5장. 대(大) : 크게 짓는 것이고,
제6장. 소(小) : 작게 짓는 것이다.
위 여섯 가지 행위를 하였을 때 복과 재앙을 받게 된다.

제1장. 적(쌓음)

쌓는다는 것은 빽빽하게 많은 것을 이르는 것이니, 덕을 닦고 착한 행실이 쌓이고 또 쌓이면 사람이 오래도록 감동하고, 신명이 또한 감동하면 하늘도 감동하여 가히 으뜸가는 복을 받는다.

第一章. 積

積者 多數之謂也 修德行善 積之纍之 人
적자 다수지위야 수덕행선 적지루지 인

久感之 神已感之 天亦感之 可領上福.
구감지 신이감지 천역감지 가령상복

♣ 纍 맬, 감기다(루)

제1절. 세구(세대에 걸친 선행)

세구는 대를 이어 착함을 행하는 것이다. 한 해 자란 나무는 한 해의 이슬을 받고, 십 년 자란 나무는 십 년의 이슬을 받게 되니, 거듭 이슬을 받아 열매를 맺으면 가히 으뜸 다음의 복을 받는다.

第一節. 世久

世久者 累世行善也 一年之木 受一年之
세구자 루세행선야   일년지목   수일년지

露 十年之木 受十年之露 重露結實 可領
로 십년지목 수십년지로   중로결실   가령

次福.
차복

♣ 累 늘릴, 묶을(루)

제2절. 무단(끊어지지 않음)

무단은 착함을 행하는 마음이 중간에 끊어지지 않음이다. 하룻밤에 세 편의 책을 읽으면 천 권의 책도 읽을 수 있으며, 하루에 천 걸음을 걸으면 만 리 길도 도달할 수 있으니, 착함 역시 이와 같아서 행하면 가히 그 복을 받는다.

第二節. 無斷

無斷者 行善之心 無間斷也 一夜三篇 千書 可讀 一日千步 萬里 可達 善亦如之 可領其福.
무단자 행선지심 무간단야 일야삼편 천서 가독 일일천보 만리 가달 선역여지 가령기복

♣ 篇 책(편) 讀 읽을(독)

제3절. 익증(거듭 더 함)

익증은 날로 착함을 더하고, 달로 덕을 거듭 쌓는 것이다. 쇠를 단련하고 또 단련하면 마침내 보배로운 칼을 이루고, 옥돌을 갈고 또 갈면 마침내 아름다운 옥이 된다. 착함이 칼과 같이 빛나고 덕이 옥과 같이 윤택해야 가히 그 복을 받는다.

第三節. 益增

益增者 日益善而月增德也 鍊之又鍊 終成
익증자 일익선이월증덕야 련지우련 종성

寶劒 磨之又磨 終爲美玉 善如劒光 德如玉
보검 마지우마 종위미옥 선여검광 덕여옥

潤 可領其福.
윤 가령기복

♣ 益 더할(익)　增 거듭할(증)　劒 칼(검)

제4절. 정수(가정에서 받음)

정수는 집안에서 아버지의 착함을 계승해 나가는 것이다. 아버지는 착하나 아들은 악한 자 있으며, 아버지는 어리석으나 아들은 어진 자 있으니, 아버지도 착하고 아들도 착한 것은 드물지만 능히 아버지의 착함을 잇는 것을 연촉이라 이르니 이와 같이 대대로 착함을 이으면 가히 그 복을 받는다.

第四節. 庭授

庭授者 繼父善也 父善而子惡者有 父愚而
정수자 계부선야 부선이자악자유 부우이

者賢者有 父善而子善者鮮 能繼父善 謂之
자현자유 부선이자선자선 능계부선 위지

聯燭 可領其福.
련촉 가령기복

♣ 授 줄(수) 鮮 드물(선) 燭 비추다(초) 빛나는 모양

제5절. 천심(타고난 마음)

천심은 배운 바는 없으나 다만 하늘 같은 마음이 있어 착함을 행하는 것이다. 착한 행실이라 일러주면 따르고, 착한 일이라 일러주면 행하며, 착한 마음이라 이르면 베풀어 비록 어진 길을 실천하지는 못하더라도 착하지 않은 것은 하지 않으니 가히 그 복을 받는다.

第五節. 天心

天心者 無所學而只有天心之向善也 云善
천심자 무소학이지유천심지향선야 운선

行 從 云善事 作 云善心 施 雖不蹈仁 不
행 종 운선사 작 운선심 시 수부도인 불

善 不爲 可領其福.
선 불위 가령기복

♣ 云 이를(운)

제6절. 자연(저절로 착하게 함)

자연은 저절로 착하게 되는 것을 말한다. 글을 배우고자 하는 포부를 가지고 벼슬자리에 얽매여서 비록 착하지 못한 것을 하려고 하나 할 수 없게 된다. 덕을 닦고 착함을 행하여 티도 없고, 흠도 없으면 가히 그 복을 받는다.

第六節. 自然

自然者 自然爲善也 抱持文學 縻絆位處
자연자 자연위선야 포지문학 미반위처
雖欲爲不善 不得 修德行善 無瑕無疵 可
수욕위불선 부득 수덕행선 무하무자 가
領其福.
령기복

♣ 抱 안을, 가질(포)　縻 고삐(미)　絆 줄(반)　瑕 허물, 티(하)
　疵 흠(자)

제2장. 중(중히 여김)

중이라 함은 일거에 큰 착한 일을 행하는 것이다. 남이 행하지 못하는 것을 행하는 것은 착함의 용기이며, 남이 미치지 못하는 선에 미치는 것은 착함의 정성이다. 착한 용기와 착한 정성이 있으면 가히 그 복을 받는다.

第二章. 重

重 一擧而爲大善也 行人之不行 善之勇
중 　일거이위대선야　　행인지불행　　선지용

也 及人之不及 善之誠也 有善勇 有善誠
야　급인지불급　　선지성야　　유선용　유선성

可領其福.
가 령 기 복

제1절. 유조(어린이의 착한 행실)

유조는 나이 어렸을 때부터 착함을 행하는 것이다. 사람이 어려서는 뜻을 정하지 못하고 배움이 결정되지 않아 지혜의 문이 열렸다 닫혔다 하고, 국량이 어두웠다 밝았다 하지만 능히 착한 일을 하니 가히 그 복을 받는다.

第一節. 有早

有早者 有早年爲善也 人之幼也 志未定
유조자 유조년위선야   인지유야 지미정

學未決 慧竇開閉 局量晦明 能爲善事
학미결 혜두개폐   국량회명   능위선사

可領其福.
가령기복

♣ 早 일찍(조)   竇 구멍(두)

제2절. 공실(잃을까 걱정함)

공실은 착함을 잃을까 걱정하는 것이다. 착함 알기를 보배와 같이 하며 악함 알기를 도둑같이 하여, 늘 보배를 도둑에게 잃을까 걱정하고 보배를 껴안아 스스로 보전하며, 한마음으로 도둑을 진압하여 보배 있는 방에 가까이 못하게 하면 가히 그 복을 받는다.

第二節. 恐失

恐失者　恐失其善也　認善如寶　認惡如盜
공실자　공실기선야　인선여보　인악여도

恒恐失寶於盜 抱寶自保 一心鎭盜 不近寶
항공실보어도　포보자보　일심진도　불근보

室 可領其福.
실　가령기복

제3절. 면려(힘써 가다듬음)

면려는 착함에 힘쓰고 착함을 가다듬는 것이다. 착함에 힘쓰나 떨치지 못하면 더욱 권장하며 착함을 권장해서 떨치게 하고, 다시 착함에 힘쓰면 착하고 착함이니 가히 그 복을 받는다.

第三節. 勉勵

勉勵者　勉善而勵善也　勉善而不振　勵善
면려자　면선이려선야　면선이부진　려선

勵善而振　更勉善　善哉善哉　可領其福.
려선이진　갱면선　선재선재　가령기복

♣ 勵 힘쓸(려)

제4절. 주수(착함을 지켜 옮기지 않음)

착함을 지켜서 옮기지 말아야 한다. 성품이 부드러우면 착하면서 능히 착함을 나타내지 못하고, 성품이 좁으면 착하면서 능히 착함을 거느리지 못하며, 성품이 약하면 착하면서 능히 착함을 세우지 못하니, 스스로 착함을 지키기를 줄기가 뿌리를 지키는 것같이 하면 하늘의 기틀이 저절로 있게 되니 가히 그 복을 받는다.

第四節. 株守

株守者 守善不遷也 性柔 善而不能彰善
주수자 수선불천야 성유 선이불능창선

性俠 善而不能統善 性弱 善而不能立善
성협 선이불능통선 성약 선이불능립선

自守善 如株守根 天機自在 可領其福.
자수선 여주수근 천기자재 가령기복

♣ 俠 좁을(협) 統 거느릴(통)

제5절. 척방(비방을 물리침)

착함을 해치는 비난을 물리쳐야 한다. 성품이 편벽할지라도 한 가지 착함을 보고 백 가지 비난을 물리치고, 한 가지 착함을 듣고 백 가지 비난을 물리치니, 이를 더욱 하면 착함은 더해지나 비난을 따르지는 않는다. 이는 타고난 성품을 굳게 하는 것이니 가히 그 복을 받는다.

第五節. 斥謗

斥謗者 斥害善之謗也 性僻 見一善 百謗
척 방 자 척 해 선 지 방 야 성 벽 견 일 선 백 방
斥之 聞一善 百謗斥之 甚則益於善而亦不
척 지 문 일 선 백 방 척 지 심 즉 익 어 선 이 역 부
縱 天性之固也 可領其福.
종 천 성 지 고 야 가 령 기 복

♣ 謗 비방(방)

제6절. 광포(널리 퍼지게 함)

광포는 착함을 널리 알리는 것이다. 착한 일을 들추어 사람들에게 들려주며 착한 말을 하여 남을 칭찬하면, 착한 사람이 나를 따르고 악한 사람이 나를 희롱함을 알지 못한다. 이는 타고난 성품의 순진함이니 가히 그 복을 받는다.

第六節. 廣佈

廣佈者 廣佈善也 擧善事聞人 說善言揚
광포자 광포선야 거선사문인 설선언양
人 不知善人之從己惡人之戲己 天性之純
인 부지선인지종기악인지희기 천성지순
也 可領其福.
야 가령기복

♣ 廣 넓을(광)　佈 펼(포)　戲 놀(희), 희롱(희)

제3장. 창(시작함)

시작함이란 착함을 시작하는 것이니, 삶아서 물든 것을 없애는 것은 삶는 것이 시작함이고, 빨아서 더러움을 없애는 것은 빠는 것이 시작함이며, 뉘우쳐서 악함을 없애는 것은 착함을 행함이 시작함이다. 몸의 혼탁함을 벗고, 마음을 맑은 물에 씻으면 가히 그 복을 받는다.

第三章. 刱

刱 刱善 蒸而去染者 蒸刱也 浣而去污者
창 창선 증이거염자 증창야 완이거오자

浣刱也 悔而去惡者 善刱也 脫身混溺 洗
완창야 회이거악자 선창야 탈신혼승 세

心淸流 可領其福.
심청류 가령기복

♣ 刱 비롯할(창)　蒸 찔, 삶다(증)　洗 씻을(세)

제1절. 유구(오래됨)

유구는 악함을 버리고 착함에 나아가는 햇수가 오래됨이다. 성품이 악하면 사람을 상하게 하고, 마음이 악하면 사람을 모함에 빠지게 하며, 욕심이 악하면 사람을 해치게 된다. 능히 이 세 가지 악을 없애고 착함에 나아가고 또 나아감이 해가 오래되어 악함의 옛 시초로 돌아가지 않으면, 어릴 때의 착함같이 되기는 어렵다 하더라도 가히 그 복을 받는다.

第一節. 有久

有久者 去惡就善 足有歲久也 性惡 傷人
유구자 거악취선 족유세구야 성악 상인
心惡 陷人 慾惡殘人 能去三惡而就善 就
심악 함인 욕악잔인 능거삼악이취선 취
又有歲久 不回舊頭 難于稚善 可領其福.
우유세구 불회구두 난우치선 가령기복

♣ 舊 오랜(구)

제2절. 유린(이웃과 같이 함)

착함으로 이웃과 같이 해야 한다. 양은 개와 무리를 짓지 않으며, 기러기는 제비와 모이지 않는 것이 이치이다. 착한 사람은 착함으로 이웃하고, 이웃이 착하지 못하면 멀리하여 그 착한 덕이 손상될까 두려워하니 가히 그 복을 받는다.

第二節. 有隣

有隣者 同隣于善也 羊不群犬 鴻不集燕
유린자 동린우선야 양불군견 홍부집연

理也 善者 隣善隣不善 則去之 恐損善德
리야 선자 린선린불선 즉거지 공손선덕

可領其福.
가 령 기 복

♣ 鴻 기러기(홍)   燕 제비(연)

제3절. 기연(그러함)

기연은 착함은 그러하다 하고 악함은 그러하지 않다 하는 것이다. 바람에 흔들리는 갯버들이 정함이 없이 흔들리나 그 잎이 언덕에는 나부끼지 않는 것 같이, 사람의 성품은 본래 착한 것이나 혹 그 성품이 물결과 같아서 선을 행하고자 하다 악을 행하기도 한다. 그렇다 하더라도 착함은 그러하다 하고 악함은 그러하지 않다고 함은 참된 것으로 돌아옴이니 가히 그 복을 받는다.

第三節. 其然

其然者 然善 不然惡也 風蒲無定 葉不飄
기연자 연선 불연악야 풍포무정 엽불표

岸 人之性 善也 性或浪 欲善欲惡 然善而
안 인지성 선야 성혹랑 욕선욕악 연선이

不然惡 返眞也 可領其福.
불연악 반진야 가령기복

♣ 蒲 부들, 냇버들(포)   飄 회오리바람(표)   岸 언덕(안)

제4절. 자수(스스로 닦음)

자수는 스스로 자신의 착함을 닦는 것이다. 남에게 착함을 널리 나타내는 일은 할 수 없다 하고, 남에게 착함을 권하는 것 또한 할 수 없다고 하면 이는 한갓 자기만의 착함을 닦음이다. 다만 다른 사람의 큰착함을 듣고 그렇지 못한 자신을 오로지 부끄러워하는 것은 어진 성품이니 가히 그 복을 받는다.

第四節. 自修

自修者 自修己善也 著人善 曰不能 勸人
자 수 자 자 수 기 선 야 저 인 선 왈 불 능 권 인
善 亦曰不能 徒自修善 聞人大善而輒愧之
선 역 왈 불 능 도 자 수 선 문 인 대 선 이 첩 괴 지
良性也 可領其福.
양 성 야 가 령 기 복

♣ 著 드러낼(저)

제5절. 불권(게으르지 않음)

불권은 착한 일을 함에 게으르지 않은 것이다. 부지런한 장인은 그릇을 만들되 아름다움이 다해야 그치고, 부지런한 의사는 병을 진찰하되 약이 다해야 그친다. 착함에 부지런한 것 또한 이와 같아서 착함을 찾고 착함을 가려내어 착함을 합친 다음 그치면 부지런한 성품이니 가히 그 복을 받을 것이다.

第五節. 不倦

不倦者 不倦爲善也 勤匠 造器 窮美而止
불권자 불권위선야 근장 조기 궁미이지

勤醫 診痾 盡藥而止 勤善 亦如之 尋善淘
근의 진아 진약이지 근선 역여지 심선도

善 合善而止 勤性也 可領其福.
선 합선이지 근성야 가령기복

♣ 倦 게으를(권)　匠 장인(장)　診 볼(진)
　　痾 숙병, 병이 더해지는 모양(아)

제6절. 욕급(이르고자 함)

욕급은 착함에 이르고자 하는 것이다. 성품이 혼미하면 아는 것도 어두워져서 비록 착한 일을 하고자 하여도 그 착함의 착한 바를 알지 못한다. 오직 악의 옳지 못함을 아는 것은 참 성품이니 가히 그 복을 받을 것이다.

第六節. 欲及

欲及者 欲及於善也 性昏知昧 雖欲爲善
욕급자 욕급어선야 성혼지매 수욕위선

不知善之所善 惟知惡之不可 眞性也 可
부지선지소선 유지악지불가 진성야 가

領其福.
령 기 복

제4장. 영(채움)

채움이란 열의 숫자이니37) 악이 다하여 아홉에 차면38) 지금 세상의 악이며, 악이 극심하여 열에 차면39) 또한 앞 세상의 악이다. 악이 차면 남는 것이 없으니 가히 크게 재앙을 받는다.

第四章. 盈

盈 十數也 窮惡 盈九 惡於當世 極惡 盈
영 십수야 궁악 영구 악어당세 극악 영
十 亦惡於前世也 惡盈無餘 可領上禍.
십 역악어전세야 악영무여 가령상화

♣ 盈 찰(영)

---

37) 숫자 10은 완성수이다(채움의 비유)

38) 숫자 9는 극대수이다(악의 비유)

39) 악이 꽉 참을 비유

제1절. 습범(대를 이어 악함)

습범은 아버지의 악함을 이어받는 것이다. 앞집에 불이 일어나고 뒷집에 또 불이 나면, 멸하지 않는 사람이 없을 것이다. 아버지가 악을 범하고 아들이 또 겹쳐서 악을 범하면, 꺾지도 못하고 그치게도 못하니 가히 재앙을 받을 것이다.

第一節. 襲犯

襲犯者 承父惡也 前家火起 後家又火 不
습범자 승부악야 전가화기 후가우화 불

滅者未有 父己犯惡子又襲惡 不折不止 可
멸자미유 부이범악자우습악 부절부지 가

領次禍.
령차화

♣ 襲 계승할(습)   犯 범할(범)   折 꺾을(절)

제2절. 연속(연달아 악을 지음)

연속은 악을 연이어서 계속 짓는 것이다. 도둑은 아버지로부터 악을 듣고 흉악한 사람은 아들에게 그것을 가르치는데 아버지에게서 들은 것이 악이고 아들에게 가르치는 것이 악이라면, 아버지에게서 듣고 악을 행하며 아들에게 악을 가르치고 닦달하는 격이니 연이어 악에서 뒹굴게 된다. 가히 크게 재앙을 받는다.

第二節. 連續

連續者 做惡連續也 賊人 聽父 凶人 敎子
연속자 주악연속야 적인 청부 흉인 교자

聽父惡乎 敎子惡乎 聽父惡而行之 敎子惡
청부악호 교자악호 청부악이행지 교자악

而鞭之 連續轉惡也 可領大禍.
이편지 연속전악야 가령대화

♣ 續 이을(속)   鞭 채찍(편)

제3절. 유가(악을 더함)

유가는 악을 더하는 것이다. 악어는 작은 물고기를 삼키지 않고 이리는 작은 짐승을 노리지 않는 것 같이, 악이 가벼우면 그치고 악이 무거우면 행하여 악을 더하게 되니 가히 그 재앙을 받는다.

第三節. 有加

有加者 加惡也 鰐 不吞細泳 狼 不瞱殘走
유가자 가악야 악 불탄세영 랑 불혜잔주

惡輕則止 惡重則行 加惡也 可領其禍.
악경즉지 악중즉행 가악야 가령기화

♣ 鰐 악어(악) 吞 삼킬(탄) 細 가늘(세) 瞱 별반짝일(혜)

제4절. 전악(악을 전함)

전악은 남에게 악을 전하는 것이다. 자기의 악을 고칠 줄 모르고 남의 악도 고치도록 권하지 않으며, 도리어 어리석고 온순한 사람을 희롱하고 꼬여내서 무리를 지어 자기의 악을 돕게 하고, 악을 비호하며 변명한다. 어리석고 온순한 사람에게 책임을 전가하고 부추겨 악이 아닌 것처럼 보이는 함정에 빠지게 하니 그 재앙을 받는다.

第四節. 傳惡

傳惡者 傳惡於人也 己惡 不知改 人惡 不
전악자 전악어인야 기악 부지개 인악 불

勸改 反誘弄愚良黨助己惡 護惡登辨 推
권개 반유롱우량당조기악 호악등변 추

委愚良 眞惡 陷假惡 可領其禍.
위우량 진악 함가악 가령기화

♣ 黨 무리(당) 辨 분별할(변) 推 옮을(추) 假 거짓(가)

제5장. 대(큼)

큼이란 한 번에 크게 악을 짓는 것이니, 악을 작게 짓는 사람은 어리석어서 대처함이 같지 않아 혹 스스로 깨닫기 어려우나, 악을 크게 짓는 사람은 영악해서40) 일시적으로 그 죄가 신명과 사람을 꿰뚫으니 가히 그 재앙을 받는다.

第五章. 大

大 一爲而做大惡也 做小惡者 愚也 處否
대 일위이주대악야 주소악자 우야 처부

似 或難自覺 做大惡者 知也 一時行事 罪
사 혹난자각 주대악자 지야 일시행사 죄

貫神人 可領其禍.
관신인 가령기화

---

40) 영악해서 : 여기서 지(知)는 지식, 알다, 영악하다 등의 의미

제1절. 감상(징계에도 고치지 못함)

감상은 징계하여 죄를 감해 주어도 고치지 못하는 것이다. 한 번의 악행은 징계로 다스리고, 두 번째 악행은 죄를 감안하여 다스린다. 그럼에도 고칠 줄 모르고 오히려 종신토록 악을 지으면 악에 미친 것이니 가히 그 재앙을 받는다.

第一節. 勘尙

勘尙者 懲勘而不改也 一惡 經懲 再惡 經
감상자 징감이불개야 일악 경징 재악 경
勘 猶不知改 終身做惡 狂惡也 可領其禍.
감 유부지개 종신주악 광악야 가령기화

♣ 勘 헤아릴, 따져묻다(감)   尙 더하다, 오히려(상)
　懲 혼날, 징계(징)   狂 미칠(광)

제2절. 무탄(악에 대하여 거리낌이 없음)

무탄은 악을 짓고도 거리낌이 없는 것이다. 악행을 하고는 남이 이를 일러바칠까 두려워하며, 알아차릴까 꺼려하여 스스로 악을 숨기려고 한다. 작은 악일지라도 진정으로 두려워하거나 겁내지 않고, 악을 행함에 진정 거리낌이 없으면 완악한 것이니 가히 그 재앙을 받는다.

第二節. 無憚

無憚者 做惡而無忌憚也 說惡而怕人道破
무탄자 주악이무기탄야 설악이파인도파
處惡而畏人知覺自謂隱惡 旣裨惡 無眞心
처악이외인지각자위은악 기비악 무진심
畏怯 將營惡 無眞心忌憚 頑惡也 可領其
외겁 장영악 무진심기탄 완악야 가령기
禍.
화

♣ 憚 꺼릴(탄)　忌 꺼릴(기)　怕 두려워할(파)　裨 보탤(비)

제3절. 취준(갑자기 악을 행함)

취준은 평소에 착하다가 갑자기 험한 악을 짓는 것이다. 온순하면서 악을 짓는 사람은 없으며, 착하면서 악을 짓는 사람 또한 없다. 그 마음 바탕의 근원이 온순하지 못하고, 성품이 착하지 못하여 갑자기 험한 악을 행하는 것은 악을 감추었던 것이니 가히 그 재앙을 받는다.

第三節. 驟峻

驟峻者 平居 善良 驟爲峻惡也 良而做惡
취준자 평거 선량 취위준악야 양이주악
者無 善而做惡者亦無 其原心 不良 原性
자무 선이주악자역무 기원심 불량 원성
不善 輒行峻惡 藏惡也 可領其禍.
불선 첩행준악 장악야 가령기화

♣ 驟 갑자기(취)   峻 높을, 험할(준)

제4절. 외선(겉만 착함)

외선은 겉은 착하면서 속은 악한 것이다. 말은 바르나 행실이 합당하지 못하고, 행실은 합당하나 일은 미덥지 못한 것과 같다. 눈 밑의 함정에 악의 태가 가득한 것은 눈을 가린 어두운 악이니 가히 그 재앙을 받는다.

第四節. 外善

外善者　外善而內惡也　言正而行不合　行
외선자　외선이내악야　언정이행불합　행

合而事不孚　雪下陷穽　惡胎産滿　盲惡也
합이사불부　설하함정　악태산만　맹악야

可領其禍.
가 령 기 화

♣ 盲 소경, 어두운(맹)

제6장. 소(작음)

작음이란 악이 작은 것을 의미한다. 허물이 지나친 것을 악이라 하는데, 큰 허물과 큰 악은 어두운 지혜에서 스스로 나오는 것이다. 작은 악 역시 그와 같이 짓는 것이니 가히 그 재앙을 받는다.

第六章. 小

小 小惡也 過愆 過曰惡 大愆大惡 出自昧
소 소악야 과건 과왈악 대건대악 출자매

智 小惡 亦小做 可領其禍.
지 소악 역소주 가령기화

제1절. 배성(본성을 버림)

배성은 본성을 버리는 것이다. 협기를 부려 너그러운 듯 옹졸함을 감추고 짐짓 호탕한 듯 악을 시도하여 이익을 취하며, 좋은 방법을 알면서도 몸을 바삐 움직여 악을 사는 것은 뛰는 악이니 가히 그 재앙을 받는다.

第一節. 背性

背性者 捨本性也 使俠便濶 使拙便豪 試
배 성 자　사 본 성 야　　사 협 편 활　　사 졸 편 호　　시

惡成利 認作良方 奔身買惡 跳惡也 可領其
악 성 리　인 작 량 방　　분 신 매 악　　조 악 야　　가 령 기

禍.
화

♣ 背 배반할(배)　濶 트일(활)　拙 옹졸할(졸)　豪 호걸(호)
　跳 뛸(조)

제2절. 단련(끊지 못하고 다시 악을 지음)

단련은 악을 끊고자 하면서도 다시 연이어 악을 짓는 것이다. 몰래 한 악이 드러나 두려운 마음으로 악을 끊고자 하다가도 남의 말이 잠잠해지면 다시 그 악을 꾀하는 것은 요사한 악이니 가히 그 재앙을 받을 것이다.

第二節. 斷連

斷連者 欲斷惡而復連惡也 密惡 旣露 懷
단련자 욕단악이부련악야 밀악 기로 회

懼欲斷 人言稍定 復謀其惡 妖惡也 可領
구욕단 인언초정 부모기악 요악야 가령

其禍.
기 화

♣ 稍 점점, 조금씩(초)

제3절. 불개(고치지 못함)

불개는 악이 나쁜 줄 아는 사람이 악을 고치려 하나 그러하지 못하는 것이다. 마땅히 고쳐야 함을 알면서도 마침내 고치지 못하는 것은 이익을 탐하기 때문이다. 이는 어리석은 악에 붙들려 있는 것이니 가히 그 재앙을 받을 것이다.

第三節. 不改

不改者 知惡人 當改而不忍改也 知其當改
불개자 지악인 당개이불인개야 지기당개

不忍改者 爲欲利 浮於昧惡 可領其禍.
불인개자 위욕리 부어매악 가령기화

♣ 浮 뜰(부), 붙들리다

제4절. 권린(이웃에 권함)

권린은 자기의 악이 고립되는 것이 두려워서 온순한 사람에게 자기를 따르도록 권하는 것으로, 온순한 사람이 따르지 않으면 도리어 온순한 사람을 모함한다. 이는 자기의 악이 불어나는 것으로, 악의 굶주림이니 가히 그 재앙을 받는다.

第四節. 勸隣

勸隣者 恐己惡孤立 勸良順終己 良順 不
권린자 공기악고립 권량순종기 양순 부
從 反謀良順 己惡乃漲 餓惡也 可領其禍.
종 반모량순 기악내창 아악야 가령기화

♣ 漲 불어날(창)　　隣 이웃(린)

응(應)

응(응함)이란, 악함은 그 결과로 재앙을 받고, 선함은 그 보답으로 복을 받는 것이니 여섯 가지 결과와 서른아홉 가지 형상이 있다.

應者 惡受禍報 善受福報 有六果三十九形.
응 자 악 수 화 보 선 수 복 보 유 육 과 삼 십 구 형

♣ 應 대답할, 당할(응)

여섯 가지 결과란,
제1장. 적(積) : 쌓음으로 오는 것이고,
제2장. 중(重) : 소중히 여김으로 오는 것이며,
제3장. 담(淡) : 맑음으로 오는 것이며,
제4장. 영(盈) : 가득함으로 오는 것이고,
제5장. 대(大) : 큼으로 오는 것이며,
제6장. 소(小) : 작음으로 오는 것이다.

위 여섯 가지 작용이 이루어졌을 때를 응함이라 한다.

제1장. 적(쌓음)

정성은 사람이 하는 일의 근본이며, 응함은 하늘의 섭리가 드러나는 시장과 같다. 재앙과 복은 모두 악행과 선행의 쌓임으로 말미암아 오는 것이니, 악한 사람에게 큰 재앙으로 갚고, 착한 사람에게 큰 복을 내려 보답한다.

第一章. 積

誠者 人事之本 應者 天理之市 禍福 皆因
성자 인사지본 응자 천리지시 화복 개인

所積而來也 降大禍 報惡人 降諸福 報善
소적이래야 강대화 보악인 강제복 보선

人.
인

♣ 積 쌓을(적)　皆 모두(개)　諸 모든(제)

제1절. 극존(지극히 높음)

밝은 사람은 하늘의 덕을 받아 큰 지위에 오르며 천지의 제사를 맡아 사람과 종족에게 널리 교화를 펴게 된다.

第一節. 極尊

哲人 賦大德 處大位 司天地 布人族化.
철인 부대덕 처대위 사천지 포인족화

♣ 極 지극히, 다할(극)

제2절. 거유(재물이 넉넉함)

거유는 하늘의 덕으로 검소한 생활을 하며, 넓은 땅을 가지고 보화를 쌓아두는 것이다. 근심과 걱정을 벗어나 비참함을 막는다.

第二節. 巨有

巨有者 賦厚德 居素位 廣有土地 貯有寶
거유자 부후덕 거소위 광유토지 저유보

貨 絶憂愁 塞悲慘.
화 절우수 색비참

♣ 素 본래(소)　慘 참혹할(참)

제3절. 상수(오래 삶)

상수는 법도에 따라 양생하여 몸이 신선의 골격으로 변하여 오래 사는 것이다. 햇볕을 쬐고 이슬을 먹으며 강인한 힘살에 기운은 맑으며, 따뜻한 옷을 두르고 단맛을 누리며, 학처럼 흰 머리에 어린아이 같은 맑은 얼굴로 나이를 늘려 수를 더하는 것이다.

第三節. 上壽

上壽者 養生有度 仙骨化爲身 挹日華 飮
상수자 양생유도 선골화위신 읍일화 음
露液 筋建氣俏 揮煖裳 享甘旨 鶴髮童顔
로액 근건기초 휘난상 향감지 학발동안
延年益壽.
연년익수

♣ 挹 뜰(읍) 華 빛(화) 飮 마실(음) 液 진(액)
  筋 힘줄(근) 俏 맑을(초), 어여쁠(초) 揮 휘두를(휘)
  裳 화려하고 아름다울(상) 享 누릴(향) 旨 맛있을(지)
  顔 얼굴(안)

제4절. 제손(자손이 번창함)

적선하는 사람은 한 집이 열 집이 되고, 열 집이 백 집이 되어 인자한 부모와 자식의 효가 새의 날개깃처럼 펼쳐지고, 화목과 화평이 숲처럼 짙어 먹을 것이 넉넉하고 입을 것이 흡족하며, 글 읽는 소리가 낮과 밤을 잇는다.

第四節. 諸孫

一家化十家 十家化百家 慈孝羽列 睦和
일가화십가 십가화백가 자효우렬 목화

林立 裕食足衣 書聲徹日夜.
림립 유식족의 서성철일야

♣ 羽 날개(우) 裕 넉넉할(유)

제5절. 강녕(건강하고 편안함)

강녕은 적선한 좋은 가문에 태어나 짝을 찾기 어려울 만큼 빼어난 자태와 비단옷과 고기반찬으로 자라서, 몸이 맑고 건강하며 평안하고 즐거움 속에 늙어서 달고 쓴 것이 들려오지 않는다.

第五節. 康寧

康寧者 生於吉門 英恣罕儔 長於錦臠 身
강녕자 생어길문 영자한주 장어금련 신
體淸健 老於安樂甘苦不入聞.
체청건 노어안락감고불입문

♣ 康 편안할(강) 恣 자유로울, 마음대로(자) 罕 드물(한)
儔 짝(주) 錦 비단(금) 臠 저민고기(련)

제6절. 선안(신선의 편안함)

적선하는 사람은 참전의 법도를 이루어 명산 빼어난 터를 찾고 높고 큰 뜻을 숭상하며 성실함을 이루고 청백함에 힘쓰며, 양생으로 오래오래 살다가 하늘로 오른다.

第六節. 仙安

仙安者 叅佺成度 主名山勝地 尙志高大
선안자 참전성도 주명산승지 상지고대

徵實務白 養生衍年 飛昇大空.
징실무백 양생연년 비승대공

♣ 徵 부를, 징험(징)　衍 많이, 넘칠(연)　昇 오를(승)

제7절. 세습(대를 이음)

적선한 집안은 높은 전통을 잇기 위하여 문무의 재주를 품고 장수와 재상의 소임을 받아 그 공적이 세상을 덮고 이름이 천추에 떨치게 된다.

第七節. 世襲

世襲者 爲嗣尊統 懷文武之才 受將相之
세습자 위사존통 회문무지재 수장상지

任 功盖一世 名振千秋.
임 공개일세 명진천추

♣ 襲 계승할(습)　盖 덮을(개)　振 떨칠(진)

제8절. 혈사(만세에 스승이 됨)

적선한 집안은 도가 높고 덕은 막중하여 하늘을 대신하여 가르침을 세우고, 사람을 교화하여 법을 이루어 만세에 스승이 된다.

第八節. 血祀

血祀者 道高德重 代天立敎 化人成規 爲
혈사자 도고덕중 대천립교 화인성규 위

萬世師.
만세사

제2장. 중(무거움)

종을 중히 여기는 것은 다스림의 근본이며, 가르침의 으뜸이기 때문이다. 치화가 널리 베풀어지면 하늘 못이 먼저 맑아지고, 교화가 널리 세상을 적시면 백산이 먼저 신령스러워진다.

第二章. 重

倧之所重者 治化之本 敎化之宗 治化廣施
종지소중자 치화지본 교화지종 치화광시

天池先澄 敎化瀜洽 白山 先靈.
천지선징 교화융흡 백산 선령

♣ 倧 상고신인 (종) 澄 맑을(징) 瀜 물이 깊고 넓은(융)
洽 적시다(흡)

제1절. 복중(복이 거듭됨)

복이 거듭되면 크게 영화로우니, 대대로 벼슬과 녹이 있어 부귀가 끊이지 않으며, 영웅과 준걸이 뒤를 이어 집안이 빛나게 된다.

第一節. 福重

福重則大榮 世有爵祿 富貴不絶 英俊 相
복 중 즉 대 영　세 유 작 록　부 귀 부 절　영 준　상

承 門戶煥爀.
승　문 호 환 혁

♣ 爵 벼슬(작)　煥 빛날(환)　爀 영화로울, 붉을(혁)

제2절. 옥백(옥과 비단)

적선한 사람에게는 복이 따르니 화려한 집에 살면서 금과 은과 옥과 비단을 저장하고, 손님과 상인이 문에 가득하여 교역이 날로 번성하며, 한평생 편안하고 즐거우니 시비도 없고 송사도 없게 된다.

第二節. 玉帛

居華堂麗室　藏金銀玉帛　商旅盈門　交易
거 화 당 려 실　장 금 은 옥 백　상 려 영 문　교 역

日繁　一世安樂　無非無訟.
일 번　일 세 안 락　무 비 무 송

♣ 帛 비단(백)　麗 화려할(려)　旅 무리(여)　訟 송사할(송)

제3절. 절화(절개를 남김)

적선한 사람은 모두 저명한 학자를 스승으로 모시니 살아서는 맑은 덕이 있으며, 죽어서는 아름다운 절개가 있게 된다.

第三節. 節化

著名學士 人皆師事 生有淸德 死有令節.
저 명 학 사　인 개 사 사　생 유 청 덕　사 유 령 절

♣ 著 이름날, 두드러질(저)

제4절. 현예(현명한 자손)

적선하여 복이 많아지면 현명한 자손이 태어나며 가난한 집안도 다시 일어나 귀하게 이름이 드러나고, 부유해져 세상에 알려진다. 부모, 형제, 처자가 화락하고 일가친척이 그 은혜에 감화된다.

第四節. 賢裔

賢裔誕降　復興寒門　貴以顯名　富以著世
현예탄강　부흥한문　귀이현명　부이저세
六親 和樂　族戚感恩.
육친 화락　족척감은

♣ 裔 후손(예)　誕 태어날(탄)　興 일으킬(흥)

제5절. 건왕(운과 때가 왕성함)

적선하여 복이 많아지면 운과 때가 왕성하여 비는 바가 모두 성취되고 이웃이 화평하고 마을이 칭송하며 말하는 바를 모두 따르니, 나무를 심고 밭을 갈아 집안이 넉넉하고 융성하게 된다.

第五節. 健旺

運旺時旺　所禱皆中　隣和理頌　所言皆從
운 왕 시 왕　소 도 개 중　인 화 리 송　소 언 개 종

植木耕田　家道 豊隆.
식 목 경 전　가 도　풍 륭

♣ 隆 융성할(륭)

제6절. 길경(길하고 경사로움)

흉한 일은 가고 길한 일이 생기니 구하지 않고 당기지 않아도 경사스러운 일이 때로 이르고, 아들과 딸이 집안에 가득하여 평생토록 기쁘고 즐겁게 된다.

第六節. 吉慶

凶事去 吉事生 不求不挽 慶事時至 子女
흉사거 길사생 불구불만 경사시지 자녀

滿堂 終身喜悅.
만당 종신희열

제7절. 세장(대대로 빛남)

적선하여 복이 많아지면 대대로 학업을 닦아 붓과 먹이 떠나지 않고 청렴하고 편안하게 녹을 얻으며 우아하고 자적하게 살고, 속세의 시끄러움을 떠나 물욕 밖에서 소요한다.

第七節. 世章

世修學業　翰墨相接　淸安得祿　優雅自居
세 수 학 업　한 묵 상 접　청 안 득 록　우 아 자 거

不與塵聒　物外逍遙.
불 여 진 괄　물 외 소 요

♣ 翰 붓(한)　優 넉넉할(우)　雅 아담할(아)　聒 시끄러울(괄)
　 逍 거닐(소)　遙 거닐(요)

제3장. 담(맑음)

몸이 맑으면 복이 응하니 온 사람이 덕을 이루어 하늘 아래 한 사람도 성품을 잃음이 없으며, 백성은 한 가지도 법을 어김이 없고 나라의 근본을 밝게 드러낸다. 사람들은 정으로 적절히 합하고 만물의 힘을 두루 보호하여, 여러 사람들과 함께 즐기며 다 같이 법식을 따른다.

第三章. 淡

體淡則福應　全人成德　天下無一人失性
체 담 즉 복 응　전 인 성 덕　천 하 무 일 인 실 성

百姓　無一事違法明徵國體　切合人情　周
백 성　무 일 사 위 법 명 징 국 체　절 합 인 정　주

護物力　樂取與衆　同爲準式.
호 물 력　락 취 여 중　동 위 준 식

♣ 切 적적할(절)

제1절. 응복(복이 응함)

적선하여 하늘의 복이 응한 자는 일생에 시비가 없고 질병이 없으며 늙어서는 자손의 향연을 받고 좋은 벗과 함께 세월을 보낸다.

第一節. 應福

一生 無是非 一生 無疾病 老受子孫享 良
일생 무시비 일생 무질병 노수자손향 양

朋 送歲月.
붕 송세월

♣ 享 드림(향) 朋 벗(붕)

제2절. 유고(창고가 넉넉함)

적선하여 복을 받은 자는 창고에 오곡이 가득하고, 정성과 믿음으로 일하므로 곡식을 사고팔 때 자기 권위대로 하더라도 아무 탈이 없다.

第二節. 裕庫

管裕人之庫 五穀 充滿 誠信爲事 伊糶伊
관유인지고 오곡 충만 성신위사 이적이

糶 自手權柄 無厄.
조 자수권병 무액

♣ 管 집(관) 穀 곡식(곡) 伊 저(이) 糶 쌀팔아낼(조)

제3절. 무액(액이 없음)

선을 쌓아 복을 받은 자는 환란이 사라져 어려움과 근심이 없고, 곤하고 욕됨이 없으며, 액을 만날 기회가 이미 다했으므로 액이 없게 된다.

第三節. 無厄

患難 已逍故 無患難 困辱 已空故 無困辱
환난 이소고 무환난 곤욕 이공고 무곤욕

厄會 已盡故 無厄會.
액회 이진고 무액회

♣ 厄 재앙(액) 辱 욕되게 할(욕)

제4절. 이수(이로움이 따름)

선을 쌓아 복을 받은 자에게는, 방해는 흩어져 물러가고 이익은 따라오니, 이익의 가벼움과 무거움은 부지런함의 크고 작음에 좌우된다.

第四節. 利隨

妨害 退散 利益 隨至 利益之輕 利益之重
방해 퇴산 이익 수지 이익지경 이익지중
勤之小勤之大.
근 지 소 근 지 대

♣ 隨 따를(수)   退 물러날(퇴)

제5절. 천권(하늘이 도움)

선을 쌓아 복을 받은 자에게는 마치 구름이 걷히고 푸른 하늘이 드러나는 것처럼 재앙은 사라지고 재액이 물러간다. 착한 사람의 아내는 남편과 화합하여 복을 같이 하고, 남편 없는 착한 여인은 자손과 화합하여 같이 복을 누린다.

第五節. 天捲

殃消災退 如靑天之捲雲 諸善人妻 和夫同福 無夫善女 和子孫同福.
앙소재퇴 여청천지권운 제선인처 화부동복 무부선녀 화자손동복

♣ 捲 걷힐, 말아감을(권)   殃 재앙(앙)

제4장. 영(가득함)

가득함을 경계하는 사람은 밝은 사람이며, 그렇지 못한 사람은 중생이다. 악을 버리는 일에 게으르지 말고 착한 일을 꾸준히 하되 변하지 않으면, 이것이 가득함을 경계하는 것이니 분수에 맞음으로써 편안하게 된다.

第四章. 盈

戒盈者 哲 否者 爲衆 去惡莫怠 守善不遷
계영자 철 부자 위중 거악막태 수선불천

是爲戒盈 絜矩以安.
시위계영 혈구이안

♣ 盈 찰(영) 絜 결백할(혈) 矩 새길(구)

제1절. 뇌진(우레가 진동함)

악을 지어 재앙이 가득하면 패망한다. 하늘과 땅이 아득하고 바람이 세차게 불며, 비가 쏟아지고 하늘에서 우레가 크게 일어나 벼락이 치니 온몸이 타서 재가 된다.

第一節. 雷震

禍盈則敗 天地 溟漠 疾風暴雨 天雷大發
화영즉패 천지 명막 질풍폭우 천뢰대발

霹靂響處 全身燒燼.
벽력향처 전신소신

♣ 溟 아득할(명)　響 울릴(향)　燼 타다남을 재(신)

제2절. 귀갈(귀신[41]이 꾸짖음)

악을 지어 화가 가득하면 악귀가 몸에 따르므로 경영하는 일이 거의 되다가 막히고, 구하는 이익이 이루어지려다 어그러지며(깨뜨러지며), 말하면 반드시 비방이 따르고 움직이면 반드시 노여움을 사게 되니, 마음은 초조하고 혀는 타들어가 마침내 육신이 죽어서야 끝나게 된다.

第二節. 鬼喝

惡鬼隨身　營事幾完　沮之　求利將成　破之
악귀수신　영사기완　저지　구리장성　파지
言必被謗　動必遭怒　焦心爛舌　終身乃止.
언필피방　동필조노　초심란설　종신내지

♣ 鬼 귀신(귀)　喝 꾸짖을(갈)　幾 거의(기)　爛 문드러질(란)
　舌 혀(설)

---

41) 귀신 : 죽은 사람의 넋. 사람이 죽으면 정신을 맡은 혼(魂)은 승천하여 신(神)이 되고 육체를 맡은 백(魄)은 땅에 들어가 귀(鬼)가 된다.

제3절. 멸가(집안이 멸함)

악을 지어 화가 가득하면 산업은 바람에 날려 흩어지고 자손은 서리 맞은 잎처럼 쇠잔해지며, 남편과 아내는 외로움과 백발과 한숨에 눈물짓게 된다.

第三節. 滅家

産業 風揚飛散 子孫 霜打殘葉 夫妻 孤且
산업 풍양비산 자손 상타잔엽 부처 고차

子 白髮 長呼哭.
혈 백발 장호곡

♣ 霜 서리(상) 子 외로울(혈) 哭 울(곡)

제4절. 절사(제사가 끊어짐)

악을 지어 화가 가득하면 대를 물린 재산으로 식구를 보호하며 그 재산을 보존하여 생전은 마칠 수 있으나, 다만 아들딸 하나 없이 그 제사가 끊어진다.

第四節. 絶祀

世産 保其口 存其産 終其年 但無一個 子
세산 보기구 존기산 종기년 단무일개 자

女 絶其祀.
녀 절기사

♣ 但 다만(단)　個 낱(개)

제5절. 실시(송장을 잃음)

악을 지어 화가 가득하면 타향에서 나그네가 되어 기약 없이 떠돌다가 보는 이 하나 없는 거친 언덕에서 남모르게 죽어 간다.

第五節. 失屍

遠方爲客 積年未歸 死于荒丘 無人見者.
원 방 위 객　적 년 미 귀　사 우 황 구　무 인 견 자

제5장. 대(큼)

악한 감정이 크면 그 응함 또한 크다. 모습에 부끄러운 그림자가 많으면 그만큼 재앙이 뒤따른다. 백 가지 귀신이 침노하고 능멸하여 이름과 몸을 같이 멸한다.

第五章. 大

感於惡 大 其應也 亦大 形多傀影 禍不旋
감 어 악 대 기 응 야 역 대 형 다 괴 영 화 불 선

踵 百鬼侵凌 名與身滅.
종 백 귀 침 릉 명 여 신 멸

♣ 踵 뒤따를(종)   侵 침노할(침)

제1절. 인병(병사의 칼날)

노인의 악행은 하나에서 시작해서 아홉에 이른 것이고[42], 젊은 사람의 죄는 하나를 지어 단숨에 아홉에 이르니[43] 나란히 재앙의 칼날에 해를 입는다.

第一節. 刃兵

老者 自一至九 小者 一做至九 並受兵刃
노자 자일지구 소자 일주지구 병수병인
之害.
지 해

♣ 刃 칼날(인)　兵 군사, 재앙(병)　並 나란히 할, 견줄(병)
　做 지을, 만들(주)

---

42) 오랜 세월을 악행을 저질러 쌓여서 죽음에 이름을 비유
43) 갑자기 악행을 저질러 죽음에 이름을 비유

제2절. 수화(물과 불)

지은 악이 크면 흐르는 물에 집을 잃고 새어 나온 불에도 집을 잃으며, 떨어지는 물에 목숨이 달아나고 타는 불에도 몸이 상하게 된다.

第二節. 水火

漂水 失家 漏火 失家 落水逃命 焚火傷身.
표 수   실 가 루 화 실 가 락 수 도 명   분 화 상 신

♣ 漂 떠돌(표)   漏 새어나올(루)

제3절. 도적(도둑)

지은 악이 크면 험한 곳에서 도둑을 만나 사업하는 돈을 잃고, 집안에서 도둑을 만나 남은 재산을 잃는다.

第三節. 盜賊

險地 遇盜賊 失業金 屋裡 遇盜賊 失殘産.
험 지 우 도 적 실 업 금 옥 리 우 도 적 실 잔 산

♣ 盜 훔칠(도) 賊 도둑(적) 屋 집(옥)

제4절. 수해(짐승의 해를 받음)

지은 악이 크면 높은 산마루와 깊은 숲속에서 사나운 짐승을 만나 해를 입는다.

第四節. 獸害

絶嶺深林 被猛獸之害.
절 령 심 림 피 맹 수 지 해

♣ 獸 짐승(수)   嶺 고개(령)

제5절. 형역(형벌을 받음)

지은 악이 크면 젊을 때 감옥에서 형벌의 고역을 많이 받게 된다.

第五節. 形役

多小年囹圄 受刑役之苦.
다 소 년 령 어 수 형 역 지 고

♣ 囹 감옥(령)　圄 감옥(어)

제6절. 천라(하늘의 그물)

지은 악이 크면 매양 좋지 않은 날씨를 만나 어려움에 다다르니, 몸이 벗어나지 못하고 일에 나아가서는 하는 것마다 끝맺음을 하지 못한다.

第六節. 天羅

每値天候不利 臨難 脫不得身 趁事 達不
매 치 천 후 불 리   임 난   탈 부 득 신   진 사   달 부
得終.
득 종

♣ 每 매양, 늘(매)   値 만날(치)

제7절. 지망(땅의 그물)

지은 악이 크면 길한 땅은 저절로 멀어지고 흉한 땅은 저절로 가까워지니, 어려움에 다다라서는 몸이 벗어나지 못하고 일에 나아가서는 하는 것마다 끝을 맺지 못한다.

第七節. 地網

吉地自遠 凶地自近 臨難 脫不得身 趁事
길지자원 흉지자근 임난 탈부득신 진사

達不得終.
달부득종

♣ 網 그물(망)

제8절. 급신(몸에 미침)

지은 악이 크면 여러 사람이 같이 위험할 때 그 위험이 혼자에게만 미치고, 열 사람이 같이 거처하는 데도 재앙이 자기에게만 미친다.

第八節. 伋身

衆人同危 危獨及於一人 十人同居 殃獨及
중인동위 위독급어일인 십인동거 앙독급

於自己.
어자기

제6장. 소(작음)

비록 착함이 작다고 하여 행하지 않고, 악함이 비록 크지 않다 하여 행하면, 응하는 것 또한 작은 것이나 가히 경계하지 않을 수 없다.

第六章. 小

雖善 以其小不爲 雖惡 以其不大爲之 此
수선 이기소불위 수악 이기부대위지 차

亦應之小者 可不戒哉.
역응지소자 가불계재

제1절. 빈궁(가난하고 궁핍함)

지은 악이 비록 적다고 해도 가난함은 스스로 보전하지 못하고 궁함도 스스로 보존하지 못하니, 이를 면하고자 하지만 종신토록 면하지 못한다.

第一節. 貧窮

貧不自保 窮不自存 欲免 終身不得.
빈 부 자 보   궁 부 자 존   욕 면   종 신 부 득

제2절. 질병(병듦)

지은 악이 비록 적다고 해도 일생에 질병이 많아서 사철의 차례를 잃으니, 시들어 떨치지 못하게 된다.

第二節. 疾病

一生 多疾病 四時 失序 萎靡不振.
일생 다질병 사시 실서 위미부진

♣ 萎 시들(위)   靡 부서지다(미)

제3절. 패망(패하고 망함)

지은 악은 적으나 일마다 패하고 망하니 하나도 성취할 수가 없다.

第三節. 敗亡

事事敗亡　無一成就.
사 사 패 망　무 일 성 취

제4절. 미실(집이 망함)

작은 악이 적다고 해도 아내도 없고 자식도 없어 외롭고 외로운 한 몸이 동쪽 회오리바람에 말려 서쪽에 가서 떨어지게 된다.

第四節. 靡室

無妻無子 孤子一身 東飄西零.
무 처 무 자　고 혈 일 신　동 표 서 령

♣ 靡 쓰러질(미)　室 집(실)　飄 회오리바람(표)　零 떨어질(령)

제5절. 도개(길에서 구걸함)

지은 악이 비록 적다 하여도 의지할 데도 없고 거처할 데도 없어 길거리에서 구걸하여도 구제하는 사람이 없다.

第五節. 道丐

無依無捿 道路乞丐 無人救濟.
무 의 무 서   도 로 걸 개   무 인 구 제

♣ 丐 빌(개)   捿 살, 집(서)   乞 빌, 구걸(걸)

제6절. 급자(자식에게 미침)

지은 악이 비록 적다 해도 아들은 아버지의 재앙을 받으니, 모든 악한 사람의 아내는 남편과 함께 재앙을 받고, 남편 없는 악한 여인은 자손과 함께 재앙을 받는다.

第六節. 及子

子受父禍　諸惡人妻　和夫同禍　無夫惡女
자 수 부 화　제 악 인 처　화 부 동 화　무 부 악 녀

和子孫同禍.
화 자 손 동 화

♣ 及 미칠(급)

■ 참고서적

『天符經』, 신지윤 저, 백암출판사, 2004.
『배달전서』, 송원홍 저, 신광문화사, 1987.
『천부경과 단군사화』, 김동훈 저, 가나출판사, 1986.
『한단고기(桓檀古記)』, 김은수 저, 가나출판사, 1985.
『단군예절교훈 八里 366사』, 대종교 총본부 권선정·박노천, 1965.

■ 편역자 신지윤
동양철학 연구가, 茶人
『천부경』(2004) 출간
연락처: 010-3212-4011

초판인쇄 2023년 4월 03일
초판발행 2023년 4월 10일
편 역 자 신 지 윤
발 행 인 권 호 순
발 행 처 시간의물레
등   록 2002년 12월 9일
등록번호 제2021-000194(제1-3148호)
주   소 경기도 파주시 숲속노을로 150, 708 - 701
전   화 031-945-3867
팩   스 031-945-3868
정   가 30,000원
ISBN 978-89-6511-431-4 (03250)

* 표제자 : 고암 정병례(전각가)

* 이 책의 저작권은 편저자에게 있으며, 무단 복제를 금합니다.